Wilhelm Ables

Gesanken über Natur und Wortpoesie der russischen Sprache

mit Berücks. d. Roman. zu german. Sprachen

Wilhelm Ables

Gesanken über Natur und Wortpoesie der russischen Sprache
mit Berücks. d. Roman. zu german. Sprachen

ISBN/EAN: 9783743440029

Hergestellt in Europa, USA, Kanada, Australien, Japan

Cover: Foto ©ninafisch / pixelio.de

Manufactured and distributed by brebook publishing software (www.brebook.com)

Wilhelm Ables

Gesanken über Natur und Wortpoesie der russischen Sprache

Inhalt.

		Seite
1.	Der Heirathsantrag	1
2.	Wohlerzogene Mädchen	18
3.	Der Künstler als Mensch	35
4.	Die Enthüllung	56
5.	Verkaufte Liebe	71
6.	Eine bittere Erfahrung	83
7.	Vereitelte Rache	100
8.	Sünde und Sühne	120
9.	Eine Badebekanntschaft	136
10.	Edle Weiblichkeit	153
11.	Ein Bewerber	172
12.	Das Damoklesschwert	182
13.	Ein Morgenconcert in London	214

Die Mantelkinder.

Der Heirathsantrag.

In einer der schönen vor dem Potsdamer Thore
Berlins gelegenen Straßen hatte Frau v. Gasmund seit
Kurzem ein Rez-de-chaussée bezogen, dessen Wohnzim-
mer in den mit dem ersten Frühlingsgrüne geschmückten
Garten hinaussahen.

In dieser Häuserstadt, wo so selten Gras, Blüthen
oder Bäume dem Auge begegnen, glaubt man der Natur
schon nahe gerückt zu sein, wenn man in diesem Viertel
ein Quartier erobert hat.

Die Dame stand an einem hellen Maimorgen am
Fenster und schaute der den Thau von Blättern und Blüthen ablesenden Sonne zu. Ihr Frühstück stand aufge-
tragen; doch war es noch unberührt geblieben. Ein leiser

Seufzer hob ihre Brust, während sie ein Papier in ihrer Hand halb ungeduldig zusammendrückte.

Sie wandte sich jetzt vom Fenster ab und schellte.

Ein betagter Diener trat gleich darauf mit ehrerbietiger Miene ein. „Wenn Briefe für die jungen Damen gebracht werden, Johann, gleichviel, ob diese durch die Post oder privatim ihnen übersandt sind, so sollen sie von jetzt an mir zuerst übergeben werden."

„Ganz wohl, gnädige Frau!"

„Und dann geh' sogleich zu dem Herrn Geheimrath Ledebuhr und ersuche ihn, bevor er zu seinen Patienten fährt, sich zu mir bemühen zu wollen."

„Ganz wohl, gnädige Frau!"

Frau von Gasmund nahm nun in einem bequemen Armsessel Platz und schenkte den duftenden Mokka ein. Während sie daran nippte, durchlief ihr Auge einen neben ihr ausgebreiteten, zerknitterten Brief, dessen Inhalt sie sehr aufzuregen schien.

Ihre weiße, wohlgepflegte Linke stützte das von Sorgen schwere Haupt, ihre regelmäßig schönen Züge nahmen einen traurigen Ausdruck an und ihr tiefblaues Auge sah oft wie fragend zu der Decke des Zimmers empor.

Der Pendel einer großen Wanduhr gab dabei laut die Secunden an, der Stundenzeiger ging von Viertel zu Viertel weiter und immer noch verharrte sie schweigend und unbeweglich in der gleichen tiefsinnenden Stellung.

Da endlich unterbrach ein lautes Schellen an der Thüre ihres Logis dies peinliche Nachdenken. „Endlich!" stand auf ihrem Gesichte geschrieben. Sie erhob sich und eilte dem eintretenden Gaste entgegen.

„Wie sehnlich habe ich Sie erwartet, mein lieber Geheimrath!" rief sie einem stattlichen, nicht mehr jungen Manne zu und reichte ihm herzlich die Hand entgegen. „Wieder einmal bedarf ich Ihres Rathes! Ach! So unglücklich, wie heute, haben Sie mich lange nicht gesehen!"

„Das thut mir leid!" entgegnete dieser theilnehmend und legte seinen Hut ab. „Daß Ihr Anliegen wichtig sei, vermuthete ich schon, weil Sie mich auf meinem Wege zu den Schwerkranken aufhalten ließen; allein zwischen wichtig und betrübend ist noch ein großer Unterschied und ich bedauere, daß ein solcher Umstand mich zu Ihnen führen mußte."

Sie setzten sich.

„Wäre ich nicht so rathlos, so würde ich Ihre kostbaren Morgenstunden zu rauben angestanden haben," begann Frau von Gasmund wieder, „allein Niemand konnte mir Hülfe bringen, als Sie. Es ist mir etwas widerfahren, das mich ins tiefste Herz hinein trifft, lieber Geheimrath! Wie kurzsichtig sind doch wir Menschen! Wir bauen und bauen, und bauen schließlich auf Sand! Daß es so kommen mußte, kommen würde, wie hätte ich das auch erwarten können? Wenn Sie es mir gestern noch

1*

gesagt, so würde ich geantwortet haben, daß Ihre Voraus-
setzung eine falsche, eine unmögliche sei."

„Es ist Ihnen also wohl etwas sehr Unangenehmes
zugestoßen?„ fragte der Geheimrath und sah sie dazu forschend an.

„Etwas Unangenehmes? Ach! Wäre es nur das!"
rief sie schmerzlich aus; „allein hier handeltes sich um eine
herbe Erfahrung, einen tiefen Kummer — ja um einen
Schiffbruch aller Wünsche meines armen Lebens."

„Sie erschrecken mich!" entgegnete der Andere kopfschüttelnd, „erlassen Sie mir darum alle Vermuthungen!
Kommen wir zur Sache!"

„Sie wissen, daß ich, weil mir Gott das Glück, eigene
Kinder zu besitzen, versagt hatte, mein ganzes Herz an die
Mädchen hing, die ich wie mir angehörend betrachtete,
und deren Erziehung meine Lebensaufgabe wurde. Sie
selbst waren es, der meinen Gefühlen diese Richtung zu
geben, meiner Thatkraft diesen Zweck zu leihen mir an-
riethen! — Und nun —! Wie bin ich in meinen Hoffnungen getäuscht worden, wie steht es mir plötzlich so klar
vor Augen, daß fremde Kinder die eigenen nimmer ersetzen
können!"

„Was ist Ihnen denn aber begegnet?" fragte der
Geheimrath kopfschüttelnd über diese lange Vorrede.

„Daß ich es sagen muß!" erwiederte sie mit einem
Seufzer aus tiefster Brust, „daß ich es sagen muß, was mich

so tief verletzt, ja beschämt hat! Allein, wie kann, wie darf ich hier schweigen?"

„Ich glaubte, Sie hätten mich zu dem Zwecke einer Mittheilung Ihres Kummers herbeschieden?" fragte der Freund mit Betonung.

„Lieber Geheimrath! Sie müssen mit einer gebeugten Frau nicht strenge rechten," sagte sie bittend. „Das schwache Geschlecht ist ja auf die Protection des Mannes angewiesen. Schützen Sie mich also gegen mich selbst und vor mir selbst; sagen Sie mir, daß ich eine Thörin gewesen bin, mein Glück darauf gebaut zu haben, daß diese fremden Kinder mich wie eine eigne Mutter lieben, daß sie mir unbedingtes Vertrauen schenken und meinen Wünschen gemäß zu handeln für ein Gebot der Pflicht halten sollten, welches Zuneigung und Dankbarkeit in ihre Herzen gepflanzt; sagen Sie mir, daß in seinen schönst.n Hoffnungen sich getäuscht zu finden der Lauf der Welt sei, und daß ich nur erleide, was tausend Andere vor mir bereits erlitten haben und nach mir erleiden werden; sagen Sie mir Alles, was die Vernunft in einem solchen Falle verschreiben kann doch ob Sie mich damit zu trösten vermögen, lasse ich dennoch dahingestellt sein. Den grausamen Stoß, welchen mein Herz erlitten hat, mildert keine Reflexion."

„Sie sind sehr aufgeregt," warf der Arzt ein und erhob sich. „Ich komme nach ein paar Stunden wieder, dann

werden Sie gefaßt genug sein, um mir, was Ihnen Unangenehmes begegnet ist, mittheilen zu können.“

„Nein,“ sagte Frau von Gasmund und legte die
Hand, um ihn auf seinen Sitz zurückzudrängen, auf seinen
Arm, „nein, nein, verlassen Sie mich nicht, ich will meine
Gefühle ja gern beherrschen und die Thatsachen reden las-
sen, haben Sie nur ein wenig Geduld mit mir! Es ist
nicht leicht, was verworren unser Inneres bedrängt, in
Worte zu fassen.“

Eine Thräne zitterte in ihrem Auge; davon bewegt,
fragte der Arzt jetzt milder:

„Was kann Sie so plötzlich gegen diese beiden reizenden Mädchen, welche Sie noch neulich die Freude Ihrer
Tage nannten, verstimmt haben?“

Sie seufzte schwer.

„So war es, ja; so ist es aber nicht mehr, so wird
es nimmer wieder sein; hin ist hin!“ sagte sie. —

„Warum müssen Frauen stets so viele Worte machen?“ warf der Geheimrath kopfschüttelnd ein.

Unbeirrt durch diesen Vorwurf fuhr die Dame
fort: „Welche Hoffnungen habe ich in Bezug auf diese
Mädchen, und besonders noch auf Thorilde, die mir so
völlig ein eigenes Kind ersetzte, gehegt! Sie ist schön, ist
talentvoll, trägt meinen Namen. Indem ich Pläne für ihre
Zukunft entwarf, entwarf ich sie zugleich für mich selbst.

Plötzlich ist nun Alles zu Wasser geworden, sie ist so gut wie todt für mich."

„Hm!" sagte der Arzt bedenklich und sah sie forschend an. „Es sind also nur gescheiterte Pläne, welche Sie bekümmern? Hätten Sie doch den lieben Gott sorgen, das Schicksal walten lassen! Zur Herrin der Umstände sich aufwerfen wollen, liebe Freundin, ist frevelhaft; es kommt stets Alles anders, wie wir es uns mit unserm besten Verstande gedacht haben. Was aber hat sich denn ereignet?"

„Sie wissen, wie sehr ich unter den bestehenden Verhältnissen die gesellschaftliche Stellung beider Töchter zu sichern Sorge tragen mußte; ihr makelloser Ruf, ihre feinen Sitten, ihr vornehmer Anstand sollten sie über jede Anklage stellen, und ich glaubte mir schmeicheln zu dürfen, dies Ziel erreicht zu haben. Da erhalte ich einen Brief mit dem Antrage um die Hand Thorildens!"

„Nun — und ist das Alles?" fragte der Geheimrath erstaunt.

„Hören Sie erst von wem! Von dem Musiklehrer meiner Tochter!"

„Von Leopold? nun, und weiter?"

„Wie, wollen Sie noch mehr! Ist dieser Schimpf, diese Beleidigung nicht über allen Begriff!"

„Sieht doch die Katze den Kaiser an, warum also sollte nicht ein Musiklehrer ein schönes junges Mädchen lieben und begehren dürfen? Die Frage stand ihm frei, wie

Ihnen das Nein," erwiederte der Geheimrath kopfschüttelnd.

„Ja, das Nein!" rief Frau von Gasmund bitter.
„Hier ist aber von keinem Nein die Rede, denn er
schreibt mir, daß Thorilde ihn liebe und sich ihm
verlobt habe."

„Steht es so? Das ändert freilich die Sache, denn
Ihre Einwilligung wollen Sie, weil Ihnen die Stellung
des Freiers nicht vornehm genug ist, wahrscheinlich ver-
weigern?" fragte der Geheimrath mit einem Ausdrucke
der Bitterkeit und des Spottes, welcher seinem offenen
gutmüthigen Gesichte wie eine Maske stand.

Frau von Gasmund sah ihn, wie fragend, hierauf
an und schlug dann das Auge nieder. Sie erröthete
und ein Zug der Verlegenheit spielte um ihren Mund.
Plötzlich faßte sie sich jedoch, reichte dem Arzte treuherzig
die Hand und sagte:

„Die Frage aus Ihrem Munde verletzt mich nicht,
denn sie ist gerecht, weil ich für mich selbst aus solchem
Grunde das schönste Lebensglück von mir gestoßen habe;
allein Sie wissen auch, wie ich es abgebüßt. Mein
trauriges Schicksal ist mir eine bittere Lehre geworden,
wie wenig das Glück einer Frau aus äußeren Bedin-
gungen hervorgeht."

„Sie entwerfen aber doch Pläne, ehrgeizige Pläne
für die Tochter Ihrer Wahl!" sagte der Freund kopf-

schüttelnd, als wohne der Zweifel an ihrer Bekehrung durch eigene böse Erfahrung in ihm.

„Ich that das," versetzte sie nach augenblicklichem Zögern, „doch nicht mit der Absicht mein Kind das Opfer meines Ehrgeizes werden zu lassen. Stellung und Vermögen sind ja keine Fehler an einem Manne, im Gegentheile! Wenn er darneben brav und ehrenwerth ist, wenn er die Neigung eines Mädchens gewinnen und festhalten kann, so sind diese gesicherten Verhältnisse, diese bestimmte äußere Lage ein Piedestal zu ihrem Glücke, es ist dann Alles schon fertig für sie, sie braucht nichts zu erringen und kann nur um so sorgloser ihrem Gatten, ihrer Familie und ihrem Hause angehören. Wenn ich also mein Auge darauf richtete, die Mädchen so viel wie möglich nur mit solchen Männern in Berührung zu bringen, welche diese Vortheile in sich vereinten, so hoffe ich, werden Sie darin die vorsorgende Mutterliebe und nicht den Ehrgeiz einer Weltdame erkennen, welche der äußeren Stellung Alles zu opfern willig ist."

„Ich will die Vorsicht nicht tadeln," versetzte der Geheimrath milder; „allein wie kam es, daß Sie dieselbe in Bezug auf den Musiklehrer so ganz bei Seite setzten?"

„Mein Gott ja!" rief Frau von Gasmund fast weinerlich. „Wer wäre denn auch darauf verfallen? — Ein Lehrer? — Ein junger Mann ohne Aussichten, ohne

Bildung, ohne Stellung, ohne Familie? Ich muß gestehen, daß ich ihn nie wie einen Mann angesehen habe."

"Ja, Sie nicht; aber die Mädchen!" rief der Geheim-rath lächelnd. "Mit sechszehn Jahren fragt man, wenn man liebt, nach keiner Stellung. Denken Sie doch an Romeo und Julie!"

"Aber Romeo ist auch ein ganz anderes Wesen, wie dieser Leopold! Romeo war ein Cavalier, ein Mann von demselben Stande wie Julie, und was Beide schied, waren nur die Familienzwistigkeiten."

"Ich traue es Julien zu, daß sie mit Romeo davon-gelaufen wäre, selbst wenn ihr sein Name unbekannt ge-blieben?" warf der Freund ein.

"So nehmen Sie also Thorildens Partie?"

"Behüte, ich rede nur im Allgemeinen, über die Stärke der ersten Gefühle der Liebe. Diese wollen von Vernunftgründen und conventionellem Zwange wenig hören; nur die Nothwendigkeit und die Umstände vermögen ihr Feuer zu dämpfen. — Gehen Sie also mit der armen Thorilde nicht gar zu strenge zu Gericht."

"Wenn ich sie auch entschuldigen wollte, aber ihn! Es ist eine unerhörte Frechheit."

"Wer Alles gewinnen will, muß Alles wagen; da das Mädchen ihn liebte, so mußte er doch anständiger Weise um sie anhalten? Was hätten Sie gesagt, wäre

das Verhältniß heimlich von ihm fortgesetzt worden, und
Ruf und Ehre Thorildens dabei verloren gegangen?"

„Entsetzlich!" schrie Frau von Gasmund auf.

„Sie sehen also, daß Sie, statt zu zürnen, ihm noch
Dank schuldig sind," fuhr der Geheimrath fort. „Ich würde
an Ihrer Stelle überhaupt die Lage des jungen Mannes,
bevor ich ihn abwiese, prüfen! Wenn nun ein großer Componist, ein Karl Maria von Weber in ihm steckte? — Ich
habe seine Lieder loben hören. Vielleicht gewinnt er in
seiner Kunst eine ehrenwerthe Stellung und Beide werden
glücklich. Lassen Sie uns an diesem gut machen, was das
Schicksal an uns versäumt hat, Thekla." Er sah sie fast
bittend an.

Sie bewegte wehmüthig verneinend das Haupt.
„Wenn er kein Künstler wäre," sagte sie. „Aber die Erfahrung meines Lebens hat mir bewiesen, daß Künstler
und Dichter schlechte Ehemänner sind. Die Einbildungskraft ist bei ihnen zu rege, sie leben in einer idealen Welt,
Frau und Kinder sind ihnen die Prosa des Lebens, ihr
Dichten und Schaffen ist ihnen die Hauptsache, der Beifall
des Publicums ihr Jubel oder ihr Elend. Der Geschäftsmann kehrt heim, sein trockenes Tagewerk läßt ihn Erholung
neben der Frau suchen; was sie treibt, denkt, empfindet, erscheint ihm wie eine verfeinerte Existenz seines eigenen
Treibens, es erquickt ihn, er erholt sich, labt sich daran, wie
wir uns in kalten Wintertagen an einer blühenden Hyacinthe

erquicken, laben. Für ein Frauenherz ist es beglückend,
die lebendige Poesie in dem Dasein eines Gatten
zu sein. Wie es also auch kommen möchte, so würde
mein Kind an der Seite eines Componisten kein Glück
finden. Nun kommt aber noch eine andere Bedenk-
lichkeit hinzu, welche die Möglichkeit eines Glückes in solcher Ehe noch mehr in Frage stellt. Diese schöpferisch
begabten Menschen besitzen nämlich den Verstand nicht, um
Recht von Unrecht unterscheiden zu können, sei es, weil sie
sich gewöhnt haben, in Ideen zu speculiren, sei es, weil sie
ihrer Fantasie nach allen Seiten hin den Zügel schießen
lassen und von eingebildetem Glücke zehren; genug, aber
sie kennen nur den einen Grundsatz: erlaubt ist, was gefällt. Sie lassen sich gehen, völlig gehen. Nicht die Re-
ligion, nicht das Gesetz, nicht die bürgerliche Ordnung
hemmt sie; sie sprechen mit Louis quatorze: tel est mon
plaisir. Nicht einmal den Schein wahren sie; weniger
aber, als Alle, thun es die Musiker und namentlich die
Jünger der neuen Richtung, die Candidaten der sogenannten
Zukunftsmusik. Diesen ist der große L....das Vorbild; wie
er tragen sie ihre Haare lang bis auf die Schulter geworfen; wie er halten sie jede Ehe für eine Fessel; wie er;
sehen sie keine Schande darin, von Frauen sich erhalten zu
lassen. Applaus wollen sie, nichts als Applaus. Ihre
Ruchlosigkeit geben sie für Genialität aus, was Anderen
ehrwürdig erscheint, verlachen sie, ihr Ich und ihre Kunst

sind ihnen Alles; über gebrochene Frauenherzen hinweg wandern sie ruhig ihren Weg fort auf der Erde, als ob sie nichts anföchte, und spießbürgerlich ist ihnen, wer eine Pflicht übt. Dabei besitzen sie eine Phraseologie, welche gleißend besticht. —"

„Und mit einem Jünger dieser Gattung brachten Sie, die vorsichtige Mutter, ihr Kind zusammen?" fragte der Geheimrath erstaunt.

Frau von Gasmund schlug das Auge nieder. „Ich sehe es ein, ich habe gefehlt!" sagte sie kleinlaut. „Allein wie gesagt, ich hielt ihn in seiner Eigenschaft eines Lehrers für ganz ungefährlich."

„Sind Sie denn aber auch gewiß überzeugt, daß unter den Jüngern dieser Schule keine Ausnahme statt-findet? Wenn nun hier eine solche vorläge, und Sie hätten ungeprüft verdammt?" fragte er zweifelnd.

„Seien Sie unbesorgt, die Ausnahme wird so leicht nicht zu finden sein, denn viel zu verderblich ist der in dieser ganzen Schule herrschende Geist," nahm sie lächelnd und selbstgewiß das Wort. „Gerade so, wie die Romantiker ihre Genialität darin suchten, ungewaschen und mit schmutzi-gen Kleidern in einem Salon zu erscheinen, so auch kehren diese jungen Leute allen Seelenschmutz nach Außen. Es ist vielleicht eine Uebergangsperiode; allein im Augen-blicke sind sie Cyniker, die ihre Moral im Kothe suchen."

14

„Sie sind zu hart!“ warf der Geheimrath mißbilligend ein.

„Herr Leopold hat ein Verhältniß mit einer Frau,
welche ihn bereits mit zwei Kindern beglückte,“ rief Frau
von Gasmund bitter.

„Aber ist dies nicht auch ein bloßes Gerücht?“ fragte
der Freund bedenklich. „Ein so junger Mensch, welcher
sich einen Weg in seiner Kunst zu bahnen hat, kann unmöglich eine Maitresse en titre zu erhalten sich gestatten.“

„Und dennoch ist es geschehen,“ rief Frau von Gasmund fast triumphirend: „Herr Leopold zählt dabei erst
25 Jahre.“

„Unmöglich!“ rief der Freund.

„Und doch möglich,“ entgegnete sie, „denn die Jünger der Zukunftsmusik beginnen ihr Leben früh; sie reifen
von Knaben zu Männern, das Jünglingsalter überspringen
sie. Während er meiner Tochter Liebe schwor, unterhielt
er jene Frau, brachte er seine Abende bei ihr zu, nannte er
deren Kinder die Seinigen, herzte er sie, ohne die geringste Absicht ihnen den Vaternamen zu geben, mit Vaterfreude und
Vaterlust; dieser Sachbestand ist es gerade, was mich so
tief empört hat, denn es ist der klarste Beweis, daß er
mein armes Kind nicht einmal mit dem Herzen liebt; nur
seine Sinne gehören ihr, nur ihre Reize und ihr Vermögen
locken ihn, und nennt er Beides sein Eigenthum, dann
spricht er, wie sie Alle sprechen, diese Ritter von der Zu-

kunft — eine Ehe ohne Liebe sei ein unsittliches Verhältniß, der Moral wegen müsse er seine junge Gattin aufgeben und an neuen Illusionen sein Herz zu unsterblichen
Schöpfungen erstarken lassen.“

„Wenn dem so wäre; — aber nein! es kann nicht
sein,“ rief der Geheimrath kopfschüttelnd. — „Hat das
Gerücht Ihnen den Namen der armen bethörten Frau
genannt, welche er auf diesem Wege hintergehen soll?“

„Es ist die Wittwe des Steueraufsehers Müller, eine
blutjunge Person, deren Schicksal, als sie ihren Gatten
verlor, allgemeine Theilnahme erregte. Sie blieb ganz
arm zurück und wollte sich durch Musikunterricht ernähren;
zu dem Zwecke wandte sie sich an die berühmtesten Lehrer
und bat sie um ihre Empfehlung, um die Vorbereitung
ihrer jüngeren Schüler zu leiten. Auf diesem Wege hat sie
denn wahrscheinlich auch diesen sauberen Herrn Leopold
kennen gelernt, dessen Bekanntschaft dann ihren Ruf unter-
grub und ihr jede Möglichkeit auf die erwähnte Weise ihr
Brod zu verdienen nahm.“

„Die arme Frau!“ rief der Geheimrath mitleidig
aus. „In welcher traurigen Lage befindet sie sich jetzt, wenn
jener leichtsinnige Knabe sie verlassen sollte! Frauen verzeihen einander nichts weniger, als eine Schwäche, deren
jede doch in ihrer Weise fähig wäre; denn das echte Weib

verlangt von ihrem Geschick keine schönere Aufgabe, als die Hingabe an einen Mann."

„Der ihr am Altare Treue gelobt hat, nun ja!" sagte Frau von Gasmund, den Kopf ein wenig gereizt emporrichtend, „sonst bleibt diese Hingabe doch nur verächtlich."

„Nicht so sehr, wie Sie meinen," versetzte der Arzt milde, „es giebt tausend Entschuldigungsgründe für die Frau, wo es einen für den Mann giebt — in solchen Fällen; und so wird es auch bei dieser armen Müller sein. Herr Leopold mag ihr beim Lichte der Sterne heilige Eide geschworen haben, die er am Tage zu halten nicht für gut gefunden hat."

„Die Sache ist nur zu anstößig für ein junges Mädchen; sonst, wenn es Thorilde von ihrem Wahne heilen könnte, würde ich sie zu der Frau Müller führen," bemerkte Frau von Gasmund.

„Es würde wenig fruchten," warf der Geheimrath bedenklich ein, „denn sie könnte auch ihn hören wollen und seine Auslegung der Verhältnisse möchte den Ausschlag geben. Ein Mädchen, das liebt, ist nicht leicht von der Unwürdigkeit des Gegenstandes ihrer Neigung zu überzeugen."

„Aber wie soll ich denn verfahren? was soll ich thun?" rief sie erregt.

„Fürs Erste: schreiben Sie ihm, daß Sie Zeit zum Erwägen seines Antrages gebrauchen; indessen ziehe ich

Nachrichten über die Müller und das sonstige Betragen des Herrn Leopold ein."

„Sie wollen mir also Ihre Beihülfe leihen? Das ist gut von Ihnen."

„Können Sie an meiner Theilnahme zweifeln, Thekla, wenn es Ihr Glück, Ihre Beruhigung gilt?"

Er sprach dies mit weichem Tone, sie zuckte vor dem Klange seiner Worte und der Benennung Thekla zusammen.

„Edler Mann!" flüsterte sie und machte eine Bewegung, als wolle sie seine Hand an ihre Lippe ziehen; dann aber unterließ sie es und seufzte. Er hatte sich indessen erhoben und schritt rasch der Thüre zu.

„Auf Wiedersehen!" sagte er Abschied nehmend. „Auf Wiedersehen!" wiederholte sie und sah ihm, als die Thüre sich schon hinter ihm geschlossen, noch eine Weile nach. Man hätte meinen sollen, daß sie ihn zurückzurufen im Begriff stehe; allein sie besann sich, die schon geöffneten Lippen schlossen sich wieder und sie kehrte, wie resignirt, auf ihren Platz zurück.

———

Wohlerzogene Mädchen.

Eine klangvolle Stimme wurde im anstoßenden Zimmer laut; rein und voll erhoben sich die Töne aus tiefer Brust, anfangs nur in Uebungen, denen das Ave Maria von Schubert folgte. —

„Schon zehn Uhr vorbei und mein Lehrer noch nicht da?" rief das junge Mädchen vom Claviere aufspringend. „So unpünktlich ist er noch nie gewesen! Ich finde ihn überhaupt seit einiger Zeit so zerstreut und abwesend, daß ich ihm den Abschied geben möchte! Sonst brachte er mir Blumen mit und Stadtneuigkeiten; jetzt sieht er, wenn ich plaudern will, seine Uhr an und sagt: „Fräulein Ellena! Bitte! Singen Sie! Die Stunde ist bald um!" Warum ist er plötzlich so pünktlich geworden, während es ihm sonst gar nicht darauf ankam, wie lange er bei mir verweilte?

Kannst Du den Grund seines veränderten Betragens angeben, Thorilde?"

„Nein," sagte diese kurz, und ohne von dem Buche,
welches Sie vor ihr Gesicht hielt, aufzusehen.

„So übler Laune?" fuhr die Andre fort, „Mit wem
soll ich denn reden, wenn auch Du mich nicht anhören
willst? Wie ein gefangenes Vögelchen sitze ich hier, von
Mama fortgeschickt, von Dir angebrummt, und dabei lacht
draußen die Sonne so schön und lockt mich, lockt mich hinaus! hinaus! meines Lebens froh zu werden, hinaus!
Weißt Du wohl, Thorilde? daß es recht, recht traurig ist,
ein Mädchen zu sein! Man ist doch auch zum Glücke da,
gleich allen andern Wesen in der weiten Schöpfung. Die
Lerche darf sich lustig in die Lüfte schwingen, der Sperling
darf sich, wo er will, ein Nestchen bauen; jedes Thierchen
darf sein Manierchen haben; nur wir nicht. Da wird man
behütet und beschützt, und gehegt und gepflegt, daß man
vor lauter Achtsamkeit auf sich selbst kaum noch um sich zu
sehen wagt. Que je m'ennuie! Mir ist heute noch dazu
so besonders wohl zu Muthe, daß ich es gar nicht im Zimmer aushalten kann! Wenn Du mir aber nicht bald ant-
wortest, Thorilde, so weine ich. Ich kann es nicht länger
ertragen! Sage, was soll ich mit mir machen? Auf die
Bühne gehen?"

„Aber, Ellena!" rief die Andere, durch diese Frage
überrascht, und ließ das Buch sinken, um sie darüber hin-

2*

weg mit ihren schönen dunkelblauen, ausdrucksvollen Augen verwundert anzusehen. „Du bist die Aeltere von uns Beiden und solltest mir ein gutes Beispiel geben, statt so unvernünftig zu reden."

„Wäre es denn wirklich so sehr unvernünftig?" sagte diese, froh die Aufmerksamkeit der Anderen endlich auf sich gelenkt zu haben. „Ist denn so gar unvernünftig, was ich rede?"

Und sie setzte sich zu ihr auf das Sopha, nahm schmeichelnd ihre kleine weiße Hand und küßte sie zärtlich, während ihre sanften grauen Augen kindlich innig zu ihr aufsahen.

„Wie, Du würdest im Ernste doch nicht daran denken, auf die Bühne gehen zu wollen," sagte Thorilde kopfschüttelnd.

„Warum nicht? Da mir Gott eine so schöne Stimme gegeben hat, muß ich doch singen?" erwiederte Ellena sanft.

„Deine Stimme kannst Du auch so benutzen, sie ist für die Gesellschaft eine herrliche Mitgabe."

„Ja, aber die kleinen Lieder genügen mir nicht; ich möchte, was mir die Brust beschwert, aussingen und das kann ich nur in großen Räumen. Es ist mir hier Alles zu eng, zu klein; ich habe nicht einmal Raum für meine Ellenbogen; viel weniger für mich selbst."

„Aber beschwert denn wirklich so vieles Deine Brust?"

fragte Thorilde, als habe sie nur das gehört, und betrachtete ihre Gefährtin mit schalkhaftem Lächeln. Eigenthümlicher Weise schien sie, die Jüngere, dabei die Aeltere zu sein.
Ihre kleine, zierliche, leichte Gestalt saß wie hingehaucht
neben der großen, üppig vollen Ellena, ihre feinen Züge
und die zarte Röthe ihrer Wangen unter dem glänzenden
rabenschwarzen, glatt gescheitelten Haare sprachen von sinni-
gem Verstande während das schöne Haupt der Anderen,
umschlungen von reichen röthlich blonden Flechten, die
volle Lebenslust einer Ruben'schen Gestalt athmete.

Ellena beantwortete diese Frage mit einem Seufzer.

„Sicherlich fehlt ein Etwas meinem Leben," sagte
sie melancholisch. „Mir ist manchmal zu Muthe, als müßte
ich laut schreien oder aus dem Fenster springen. Wenn ich
mich nur einmal so recht ausweinen, satt lachen könnte;
dann möchte ich mich vielleicht ruhiger fühlen, aber irgend
etwas muß geschehen. Auch kann ich Dir sagen, daß ich
diese Existenz nicht lange mehr aushalte. Anders muß es
werden, anders um jeden Preis."

„Aber was vermißt Du denn eigentlich?" fragte
Thorilde erbleichend. —

„Alles was Leben heißt," sagte Ellena traurig, und
stützte das reizende Haupt in die etwas große, aber schnee-
weiße und schön geformte Linke. — „Lege Deine Hand
auf mein Herz und fühle wie es pocht. Warum, wonach —

ich weiß es nicht. Aber es treibt mich fort, über Berg und
Thal fort, in die Welt hinaus, fort!"

„Möchtest Du auf dem Lande leben?" fragte Thorilde nachdenkend.

„Ja, nein, — Ich weiß es wirklich nicht. Ich glaube,
ich möchte im Sturme auf einem Schiffe sein und dann
wenn der Wind hu! um meine Ohren pfiffe, würde mir
wohl werden. Jedenfalls möchte ich singen, was ich singen
nenne, da ich nicht schreien darf," setzte sie lachend hinzu.

„Hast Du schon mit unserer Mama darüber, daß
es Dir hier nicht gefällt, gesprochen?"

Ellena bewegte langsam verneinend das Haupt.

„Wozu sollte das nützen?" sagte sie gleichgültig, „sie
würde mich schelten. Ohnehin bekomme ich Schelte genug.
Was wird damit geändert?"

„Sie meint es aber gut."

„Ja, sie meint es gut, herzlich gut, ich weiß es; auch
bin ich ihr, wenn ich mir es recht überlege, dankbar und
würde ihr Alles zu gefallen thun, sie könnte mich durch
Wasser und Feuer schicken; nur ändern kann ich mich nicht.
Ich bin, wie ich bin. Eine Gesellschaftspuppe macht sie
nimmermehr aus mir!"

„Damit wäre ihr aber allein gedient, Ellena. Sie
will Dein Glück; sie will es aber auf vernünftigem Wege."

„Ich weiß schon!" sagte jene, und zog schmunzelnd
den kirschrothen Mund zu einem Lächeln zusammen,

„Sie wünscht, daß ich eine gute Partie mache und in der Welt eine recht angesehene, vornehme Frau werde; aber wie langweilig müßte das sein."

„Langweilig! Warum langweilig?"

„Siehst Du denn nicht, wie Mann und Frau in Gesellschaft fast nie mit einander sprechen, oder, wenn es geschieht, sich etwas Unangenehmes sagen? — Siehst Du nicht, wie fremd und kalt sie mit einander sind, und nur, des Scheines halber, zusammen ausgehen?"

„Nun ja, das ist die große Welt."

„Freilich! Aber die kleine kenne ich noch nicht und für die kleine hat mich die Tante auch nicht bestimmt."

„Was möchtest Du denn aber sein, wenn Du nicht heirathen willst? Du mußt doch einen Beschützer haben?"

„Muß ich das? — Nun, dann ginge ich am liebsten zu meinem Vater. Der würde mich gewähren lassen."

„Er lebt aber in dem heißen, ungesunden Klima!"

„Thut nichts!" rief Ellena. „Befindet er sich dort wohl, kann auch ich mich dort wohl befinden. Ich habe manchmal Lust ihm nachzureisen."

„Du?" sagte Therilde halb ärgerlich — „man reist aber nicht so auf der Erde, wie man es in seinen Gedanken thut. — Es ist auch nicht gut, wenn der Mensch mit seiner Lage nicht zufrieden ist, Ellena. Der liebe Gott hat gütig für uns gesorgt, indem er uns hier ein Elternhaus gab; das müssen wir erkennen."

„Thue ich's denn nicht etwa?" verſetzte jene ſchmol-
lend. „Ich habe Dir ja ſchon vorhin geſagt, daß ich für
die Tante Gasmund durch Feuer und Waſſer rennen würde;
aber auf ihre Weiſe glücklich ſein , kann ich nicht. Du
aber, die Du ſo verſtändig zu predigen verſtehſt, wie ver-
hält es ſich denn eigentlich mit Dir? Gefällt es Dir etwa
ſo wohl unter dieſem Dache, daß Du es mir mit keinem
anderen vertauſchen möchteſt?"

Thorilde wurde roth und ſchlug, um den Blicken der
Pflegeſchweſter zu entgehen, das Auge nieder.

„Wem bliebe nicht etwas zu wünſchen übrig?" ſagte
ſie ausweichend.

„Etwas, ja! Doch Alles, Alles, Alles! Aber laſſen
wir das. Du biſt einmal nicht ſo aufrichtig von Charakter,
wie ich es bin, und trägſt Deine Leiden gern im Stillen;
allein ich durchſchaue Dich doch. Du denkſt auch daran von
hier zu gehen."

„Wirklich?" ſagte Thorilde und wollte dazu lachen;
doch wurde nur ein halb verlegenes Verziehen des Mundes
daraus.

„Ja, glaube es nur, ich durchſchaue Dich; ich weiß,
daß es Dich verdrießt, wenn die Leute, ſo oft man Dich
vorſtellt, flüſtern: von Gasmund? Aber Frau von Gasmund hat ja keine Kinder? War Herr von Gasmund ſchon
einmal verheirathet? Wer iſt denn die Mutter dieſes hüb-
ſchen Kindes? Wie oft habe ich Dich bei ſolchen Gelegen-

heiten roth und blaß werden fehen und einmal fogar — —
weißt Du es noch? es war auf dem Balle bei dem Grafen
von Bernftorff, Deinem erften Balle, da biffeft Du Dir
ein Stück von der Zunge ab, fo daß Du vierzehn Tage
lang nicht effen konnteft."

„Schweig! Um Gotteswillen schweig!" rief Thorilde
mit verfagender Stimme und die hellen Thränen ftürzten
über ihre Wangen.

„Mein Himmel! Was ift Dir! Ich habe Dich ja
nicht betrüben wollen," rief Ellena geängftigt und zog ihr
kleines Batifttuch, um die Thränen zu trocknen, hervor.

„Da! Nun ift's wieder gut. Komm! Lächle mich
an! Nie will ich wieder fo böfe fein, Dich an das, was Dir
Schmerz verurfacht, zu erinnern. Aber wie ernft Du auch
Alles nimmft. Sieh! mich berührt fo etwas gar nicht.
Was mache ich mir daraus, wie ich in die Welt kam, wenn
ich mich nur gut darin befinde! Aber fieh mich nun auch
freundlich an! Komm! — Wir wollen von diefen Dingen
nicht länger reden; fondern von etwas Anderem. Findeft
Du es nicht eigentlich grob und ungebührlich von Herrn
Leonhard, daß er die Stunde nicht hat abfagen laffen?"

„Er hat Niemand zu fenden, wie Du weißt."

„Aber fonft hatte er doch Jemand?" fagte Ellena
den Kopf aufwerfend.

„Du thuft ja, als wenn feine Beziehung zu uns

eine andere geworden wäre? Warum sollte das der Fall sein?"

„Nun, ich weiß gerade nicht warum; aber —" Sie legte bedenklich den Kopf auf eine Schulter. „Ja, heraus muß es nun doch einmal. — So wisse denn, daß ich mir früher einbildete, Herr Leopold würde Eine von uns heirathen."

„Wie? Bist Du toll?" fragte Thorilde und wurde todtenbleich.

„Ja, Eine von uns; und da dachte ich mir, daß, welche es auch wäre, so sollte sie die Andere mit sich nehmen, um dadurch unsern Leiden abzuhelfen."

„Aber wie kamst Du auf den sonderbaren Gedanken?" fragte Thorilde ganz verwirrt.

„Thorilde und Ellena! ich erwarte Euch!" ertönte eine Stimme jetzt aus dem Nebenzimmer.

„Pst! Die Tante ruft! Ein anderes Mal erzähle ich Dir das!" flüsterte Ellena, und richtete sich, um dem Rufe zu folgen, auf.

Thorilde war zögernd hinter Ellena hergegangen, jene sah daher nicht deren verstörte Züge, noch ihr Bemühen, ihrem Gesichte einen ruhigen Ausdruck zu geben. Mutter und Tochter begegneten sich bei ihrem Eintritte in das Zimmer in einem halben Blicke, den Jede zu verkürzen suchte; weil keine wünschte, daß die Andere in ihrem Auge die darin geschriebenen Gedanken lesen möchte.

Man setzte sich an den Tisch, Frau von Gasmund sprach ein Morgengebet, und darauf las Ellena ein Capitel aus den Stunden der Andacht vor. Thorilde hielt dabei das Auge fest auf den gefalteten Händen. Als der Vortrag zu Ende war, trug der Diener das zweite Frühstück auf; nach diesem wurde eine Promenade unternommen und einige Morgenvisiten abgestattet. Trotz ihrer aufgeregten Gemüthsstimmung wollte Frau von Gasmund in diesem gewohnten Kreislauf ihres Tagewerkes keine Unterbrechung eintreten lassen. Thorilde sollte sich nicht selbst überlassen sein, nicht ihren eigenen Gedanken nachhängen können. So schwer es ihr auch ward, heute ihren Bekannten mit Alltagsphrasen entgegen zu treten; so mußte das Schwer vollbracht werden.

Und es ward vollbracht.

Wer hätte es dem feinen, freundlichen Lächeln, womit sie grüßte, wer dem theilnahmvollen Tone, womit sie sagte: „Wie geht es mit Ihrer Gesundheit, liebe Gräfin?" wohl angemerkt, daß ihr Herz schwer beladen war!

Die Phrase ist erfunden zum Verhehlen der Gedanken, sie benutzte sie diesem Zwecke entsprechend.

Auch die beiden Mädchen lächelten und sprachen; ohne daß ihr Herz in ihren Worten sich verrieth.

Stunde nach Stunde verging, bis auf diese Weise drei Uhr, die jetzt in der vornehmen Welt Berlin's übliche Eßstunde, schlug.

Drei Uhr, dachte Ellena aufhorchend, und überlegte, wie lang der Tag noch sei, wie viele Stunden noch hingehen würden, bis die Nacht komme, wo sie mit ihren wachen Träumen entschlummern und unter dem Eindrucke geträumter Träume zu einem neuen Tage erwachen könne.

Sie theilte mit Thorilden ein Zimmer; allein da es an das der Frau von Gasmund gränzte und die Thüre zwischen beiden nie geschlossen wurde; so war an ein vertrauliches Wort, welches das Ohr der Pflegemutter scheuete, nicht zu denken. Selten nur fand sich eine Minute, wo Beide harmlos mit einander plaudern konnten, von Niemand gehört als von ihrem Gotte, welchen sie nicht als strengen Richter ihrer kleinen thörichten Einfälle fürchteten.

Ihr Gespräch von diesem Morgen fortzusetzen bot sich also für heute wohl kaum noch Gelegenheit, und doch wünschten Beide, wenn auch aus sehr verschiedenen Gründen, darauf zurück zu kommen.

„Warum," fragte sich Thorilde, „dachte Ellena daran, daß Leopold sie oder mich heirathen könne? — Warum?" Und ihr Kopf brannte fieberhaft unter diesem Fragen, ihr Herz klopfte laut, ihre Pulse jagten und der Schlaf floh ihr Auge.

Ellena dagegen hatte die schönen vollen Arme über ihrem Haupte gekreuzt, und athmete in tiefen Zügen. Sie war so gesund, daß sie nicht einmal träumte. Sie war froh gewesen den Tag zurück gelegt zu haben und die Sorge

vor dem kommenden Morgen hatte noch niemals ihre Ruhe
verscheucht.

Als Thorilde erwachte, gewahrte sie einen mit Bleistift geschriebenen Streifen Papier neben sich. Er war
von Ellena's Hand. Verwundert griff sie danach. Was
konnte sie ihr mitzutheilen haben? Ein Ferneres über ihre
Hoffnung auf die Hand des Musiklehrers? — Sie las:

„Ich habe heimlich zu L. geschickt und ihn fragen
lassen, warum er gestern nicht gekommen sei. Auf ihm
beruht unsere ganze Hoffnung. Wenn er jetzt kommt, so
ist an Dir die Reihe eine Stunde zu nehmen; benutze
diese, zu erforschen, ob wir durch ihn befreit werden
können."

Thorilde fuhr im Bette empor und blickte zu Ellena
hinüber; diese aber schlief noch den Schlummer der Gerech-
ten, obwohl der Morgensonne goldene Strahlen durch die
Vorhänge lichte Streifen auf ihr Lager sandten. Sie sah,
mit den roth angehauchten Wangen, den halb geöffneten
Lippen und der plastischen Ruhe des wohlgebauten Kör-
pers wunderbar schön aus.

Sie hatte also an Leopold geschrieben und einen Boten, um ihr Billet zu übergeben, gefunden; doch entsann
sich Thorilde nicht, daß die Schwester sich lange aus dem
Zimmer entfernt gehabt. Wie war ihr das also möglich
geworden? —

Ein höchst unbehagliches Gefühl bemächtigte sich

ihrer, ein dunkler Instinct sagte ihr, daß hier etwas falsch sei, daß sie nicht klar sehe; allein bei ihrer Jugend und Unerfahrenheit wußte sie dieser Empfindung keine bestimmte Auslegung zu geben. Einstweilen schalt sie Ellena's Betragen eine Thorheit.

Frau von Gasmund fand Thorilde sehr blaß aussehend. „Du ißt nicht, Du schläfft nicht," sagte sie, und betrachtete das schöne marmorbleiche Gesicht mit sorgender Mutterliebe." Das muß anders werden. Ich habe den Geheimrath bitten lassen zu mir zu kommen. Wir sprechen darüber. Auch habe ich außerdem noch in einer Angelegenheit, die mir großen Kummer verursacht, mit Dir zu reden; sei also darauf gefaßt, daß ich Dich zu mir bescheiden lasse."

Die Betonung des „Außerdem" jagte alles Blut in Thorilden's Wangen. Sie küßte verwirrt die Hand der Mutter und wollte sich entfernen.

„Bleib!" rief diese ihr zu. „Du sollst Dich heute nicht anstrengen, Ellena mag allein die englische Stunde nehmen. Du kannst mir indessen eine kleine Arbeit verrichten, die Dich wohlthätig zerstreuen wird. Ich habe auf einem Schreibtische im Salon alle meine Wochenrechnungen zusammengelegt, und daneben mein Ausgabebuch aufgeschlagen; sei nun so gut diese einzutragen, wie Du es schon öfter gethan hast. Solche mechanischen Arbeiten haben ihr Gutes."

Thorilde folgte dem Gebote. Beide Mädchen saßen nun getrennt und dabei beschäftigt; so hatte es Frau von Gasmund gewünscht. Sie warf einen Blick in das Zimmer zur Linken, wo Ellena die „Queens of England, by Miss Strickland" laut las. — Sie trat dann leise an die Thüre des Salons, und fand Thorilde über den Rechnungen gebeugt; beruhigt setzte sie sich nun an ihr Pult, legte einen Bogen Briefpapier zurecht, tunkte die Feder ein, sann einen Augenblick nach, und schrieb:

„Geehrter Herr!

„Ich muß Sie bitten, sich in einer Angelegenheit, welche keinen Aufschub gestattet, zu mir zu bemühen. Mein verstorbener Gatte hat Ihnen das Wohl seiner Tochter an das Herz gelegt, nicht nur als Geschäftsmann, sondern auch als Freund sollten Sie über das theure Kind wachen, und Ihre warme Theilnahme an deren Ergehen hat mir bis heute bewiesen, daß Sie nicht nur mit Ihrem Kopfe, sondern auch mit dem Herzen ihren Schritten gefolgt sind.

Freilich erlebte ich bis dahin an dem schönen und wohlgebildeten Kinde auch nur Freude, und wenn heute zum ersten Male eine Wolke ihre Zukunft bedroht, so rechne ich darauf, daß durch Ihre Einsicht und Umsicht dem Uebel noch vorzubeugen sein wird. —

Machen Sie mir also die Freude, um vier Uhr zu mir zu kommen. Ich werde Ihnen dann mündlich die Sache vortragen, und in Ihre Hand die Entscheidung legen, die nur durch Ihre Autorität getroffen werden kann.

Mit Hochachtung und Freundschaft

Ihre ergebene

Thekla von Gasmund,
geb. von Itzenplitz.''

Sie adressirte den Brief an den Staatsanwalt Möser und trug dem Diener dessen Antwort mit zurückzubringen auf. Fände er ihn nicht zu Hause, so sollte er ihn aufsuchen, denn die Sache habe Eile.

Mit dem gewohnten: „Ganz wohl, gnädige Frau?'' verließ Johann das Zimmer.

Frau von Gasmund ging, als er sich entfernt, eine Weile mit gemessenen Schritten auf und ab, eine Bewegung, welche den Act des Nachdenkens befördert, und wenn die Seele unruhig ist, dem Körper wohl thut.

Was hatte Thorilde vermocht, ihr Schicksal einem jungen Manne anzuvertrauen, welcher ihr so wenig bieten konnte? Das fragte sie sich immer auf's Neue und fand die sie befriedigende Antwort nicht. Ein schönes Mädchen, ein reiches Mädchen und dabei in so angenehmen Verhältnissen lebend? Sollte sie wirklich einer so thörichten Liebe fähig sein, um solche Güter dafür hingeben zu wollen? — Sie wiegte ihr Haupt zweifelnd. — Auch sie hatte die

Liebe gekannt, aber, aber . . . . . Es mußte noch ein
Etwas dahinter stecken, dem sie für jetzt nicht auf den
Grund zu kommen vermochte.

Wenn die Welt aber erführe, welche Mißheirath die
arme Thorilde im Sinne trug? Wenn sie erführe, wie
Frau von Gasmund von ihr hintergangen werden? Sie,
die sich stets gerühmt hatte, daß sie eine Meisterin in der
Kunst Mädchen heranzubilden sei, sollte nun auf diese
Weise bloßgestellt werden? Nein, das konnte nicht geschehen. Coûte qui coûte, nur keinen öffentlichen Scandal.

Ein Geldopfer durfte sie nicht scheuen; man mußte
aussprengen, es sei Thorilden ein Bad verordnet und sie
ging mit beiden Mädchen auf Reisen.

Schon sah sie in Gedanken den Wagen vor der
Thüre, die Koffer gepackt, und athmete auf; da klopfte es
leise, und der rückkehrende Johann unterbrach das glückliche
Spiel ihrer Einbildungskraft.

Er brachte die Antwort des Staatsanwalts, den er
noch glücklich zu Hause getroffen. Sie lautete:

„Gnädige Frau!

Ihren Wünschen Gehorsam zu leisten würde
unter allen Umständen zu meinen schönsten Pflichten
gehört haben; wie viel mehr aber ist dies der Fall, wenn
meine Gegenwart in Bezug auf mein schönes Mündel
gefordert wird, das mir theuer ist, wie ein eigenes Kind.

Erwarten Sie mich daher ohne Zweifel zu der von
Ihnen genannten Stunde und seien Sie überzeugt, daß
es an mir nicht liegen soll, das, was dessen Wohlergehen
bedroht, aus dem Wege zu räumen.

Mit wahrer Ergebenheit und Verehrung unter-
zeichnet sich

ganz gehorsamst

D. A. Möser,
Staatsanwalt.“

„Gottlob! flüsterte Frau von Gasmund, als sie zu
Ende gelesen und schloß den Brief in ihr Pult ein.

3.

Der Künstler als Mensch.

Am Ende der Wilhelmstraße, nahe dem Halleschen
Thore, da wo es am Tage einsam ist, am Abend selten
ein Wagen rollt, und eben so selten auch ein einzelner
Wanderer sich blicken läßt; sehen wir in dem Hinter-
stübchen eines Hauses zur ebenen Erde eine junge Frau
vor einem Tische sitzen, auf welchem eine Lampe brennt,
bemüht ein kleines Kind auf ihrem Schooße durch Liebkosungen zu beschwichtigen, während ein anderes etwas
größeres in einem hohen Stuhle neben ihr sitzt und eine
hölzerne Stadt aufbaut. Das Zimmer ist einfach mö-
blirt, aber die höchste Sauberkeit läßt es elegant erscheinen;
Blumen stehen in einer Vase unter dem Spiegel, Blumen
vor den Fenstern, Bilder hängen an den Wänden, ein
Stutzflügel, mit Musikalien bedeckt, steht geöffnet.

3*

Die Inhaberin dieses kleinen Gemaches stand vielleicht in der Mitte der zwanziger Jahre. Sie war blond,
zart und fein gebaut, mit einem Gesichte, nicht häßlich,
nicht schön, nur anziehend durch einen Zug der Güte,
welcher lieblich den Mund umspielte, so oft das Auge
wohlwollend auf Jemand fiel. Ihr Benehmen war gewinnend, voll Anmuth, Tact und Herzlichkeit. Ob sie hohe
Bildung besaß? Vielleicht nicht! — Sie lebte zu sehr
für Andere, um sich diese anzueignen.

Ein junger Mann stürmte in das Zimmer.

„Guten Abend! Agathe!“ rief er und warf Hut
und Mantel ab, sein blondes Haar, das lang bis auf
die Schultern fiel, aus der Stirne streichend. Darauf
setzte er sich an den Flügel und fuhr mit einer Mei-
sterhand durch die Tasten, eine wilde Phantasie folgte,
und erst als die Kinder in einem gemeinsamen Weinen
das Accompagnement dazu begonnen, schloß er mit ein
paar mächtigen Accorden und schlug das Instrument zu.

„Wo ist die Wärterin?“ fragte er sich an den Tisch
der jungen Frau gegenüber setzend, und seine matten
blauen Augen auf sie richtend.

„Sie wird sogleich zurückkehren,“ erwiederte diese,
machte eine Hand frei und reichte sie ihm hin. Er
legte seine lange, hagere, kalte Linke auf ihre feinen,
welchen warmen Finger; sie drückte diese innig und hielt
sie fest, während sie mit ihrer sanften Stimme sagte:

„Du siehst gar nicht wohl aus! Deine Züge sind so schlaff — so übernächtig! Bist Du in Gesellschaft gewesen?"

„Ja; die schöne Camilla Wurmser gab ein Souper, wobei der Champagner floß. Ich konnte kein Auge darauf schließen."

„Du solltest dergleichen nicht mitmachen, Leopold!"

„Warum nicht mitmachen?" fuhr er auf. „Es tödtet doch ein paar Stunden an dieser Existenz, die man Leben nennt! In der Lust vergißt man den Schmerz."

„Aber das Erwachen, — das thut dann doppelt weh, nicht wahr?" fragte sie mit einem, aus bekümmertem Herzen kommenden Tone.

„Weh! aber nicht doppelt weh," erwiederte er, sie träumerisch und abwesend anblickend, „wie jedes Erwachen zu dem halben Bewußtsein des Lebens. Schlaf oder Tod ist Eins; wenn nur die Seele ruht! — Wenn sie aber wacht, so ist gleich der Schmerz da." —

„Aber warum immer Schmerz? Ist das Leben denn nicht schön? — Ist es nicht eine Gottesgabe?"

„Für Dich, Agathe, ja!"

„Und warum nicht auch für Dich?"

„Weil ich anders organisirt bin, weil ich andere Anforderungen an das Glück stelle, weil ich, wozu das Leben da ist, frage."

„So frage es nicht; so beschränke Dich!" sagte sie,

innig bittend. „Sieh, der Himmel hat Dich so sehr be-
vorzugt, hat Dir ein so schönes Talent gegeben; Du hast
die Töne für Deinen Schmerz, für Deine Liebe, und für
Dein Glück, wo mir nur das arme Wort zu Gebote steht,
das sich nicht immer nach Wunsch meinen Gedanken und
Empfindungen leiht; — Du bist so reich in Dir, trägst
eine ganze Welt in Deiner Brust, schöpfest aus einem un-
versiegbaren Quell' immer Neues und immer Schönes —
und willst dabei nicht froh, nicht zufrieden sein, Deinem
Wesen keine Schranken, Deinem Wünschen keine Gränzen
stecken? Warum das nicht, da es doch einzig zum Glücke
führt? Nur der Genügsame ist reich. Wer stets mehr
verlangt, wie ihm gegeben ist, schreitet mit seinem Begehren weiter und weiter und klopft endlich, wenn ihm der
Himmel verschlossen bleibt, in seinem Trotze an die Pforten
der Hölle."

Er hatte ihr lächelnd zugehört, drückte zärtlich ihre
Hand und ließ sie dann los.

„Welche saubere, einnehmende Repräsentantin alt-
bürgerlicher Respectabilität aus Dir redet, meine Agathe!"
sagte er mit einem Seufzer. „Jeder noch so hausbackene
Philister würde, wenn Du so reizend predigst, sein Wohlgefallen an Dir haben und seinen langen Zopf gar nicht
im Wege finden."

„Ich?" erwiederte die junge Frau und ihr Blick
traf die beiden Lieblinge ihres Herzens; „ich eine Reprä-

sentantin der Respectabilität? Den Spott verdiene ich vielleicht, doch solltest Du ihn an mir nicht üben."

Eine Thräne zitterte in ihrem Auge.

"Agathe!" rief er weich; sprang auf und küßte sie.
Dann trällerte er nach einer selbsterfundenen Melodie:
"Dies Kind, Ihr Götter, ach! so rein, laßt Eurer Huld
empfohlen sein!"

"Weißt Du, daß Du mich immer von Neuem in-
spirirst, Agathe?" sagte er, sich wieder ihr gegenüber
setzend. "Sieh! so gewiß ist es, daß der Dichter — und
der Componist ist in seiner Weise ja auch Dichter — nur
durch Unschuld und Reinheit des Herzens zu neuen Schöpfungen begeistert wird. Die Wahrheit gehört dem Himmel
an, die Lüge gehört der Hölle; in Dir aber ist lauter
Wahrheit. Du kennst die Liebe — denn Du bist die Liebe
— Du fürchtest die Leidenschaft, weil sie ein Moloch ist,
welcher mit seinem glühenden Hauche alle Blüthen der
Menschenseele verzehrt, und nur den Eigennutz, welcher
um jeden Preis den Besitz des Anderen fordert, in dem
kranken Menschenherzen zurückläßt."

"Hat Dich je eine andere Frau so sehr geliebt, wie
ich Dich liebe?" fragte sie wehmüthig.

"So sehr, ja; aber keine hat mich so geliebt, wie Du
mich liebst! Ach Agathe, daß ich dieser schönen Liebe so
unwerth bin!" Und er kniete neben ihr nieder, verbarg
sein Gesicht in ihren Kleidern und schluchzte laut.

„Karl! O mein Gott! Karl!" hauchte sie bewegt,
und streichelte seine Wange, und beugte sich mit mütterlicher
Zärtlichkeit über ihn hin, um seine Stirne zu küssen. „Mein
Karl! Mein innig geliebter Freund! Was fehlt Dir? Sieh!
Du betrübst Deine arme Agathe, betrübst sie bis ins tiefste
Herz hinein, wenn Du so mit Dir selbst zerfallen, so aufgeregt zu mir kommst. Was soll ich da sagen? Wie Dich
trösten? Ich, die ich an Dir eine Stütze, einen Halt haben
möchte, um mir den Muth zu geben, so manches mir Auf-
erlegte zu tragen; ich soll nun noch Deine Trösterin sein.
Und ach! womit Dich trösten? Was soll ich sagen, wenn
Du so bekümmert bist, wie auch heute wieder, und ich rathlos in Dein liebes Auge schaue, um in Deinen Blicken zu
lesen, was Dir eigentlich fehlt? Ich weiß es ja nicht, ich
wußte es ja nie, was Du vom Leben begehrtest. Liebe?
Die findest Du bei mir. Ruhm? Den bringt Dir die Aus-
übung Deines Talentes. Geld? Der Genügsame bedarf
so wenig, und ich würde mich gern noch mehr einschränken,
wie es jetzt geschieht, wenn ich Dir damit eine Sorge ersparen könnte. Ich möchte am liebsten ja nichts von Dir
annehmen, möchte selbst erwerben, was ich für mich und
meine Kinder bedarf und so Gott will, soll es auch künftig
geschehen. Da nun aber in allen diesen Hauptbedingungen
zum Glücke der Quell Deines Elends nicht zu suchen ist,
wo soll ich ihn denn vermuthen? — Ich weiß es nicht. —
Und daß ich es nicht weiß, sieh! das betrübt mich so tief,

so über alle Begriffe tief, daß es keine Worte giebt, um
was mein Herz dabei empfindet, auszudrücken. — Ich
möchte Dich so gern glücklich machen, möchte es um jeden
Preis thun. Was ist mein Leben, wenn ihm diese Perle
fehlt? — Wie gern gäbe ich es hin für Dich, wenn Dir
damit zu helfen wäre? — Habe ich Dir doch schon Höheres
geopfert, meine Ehre vor der Welt, den Frieden meines
Gewissens, weil Du meintest, daß ein festes Band Deine
Liebe zu mir ertödten würde, daß nur in der Freiheit das
Glück beruhe? So bist Du denn frei geblieben, und
doch — und doch, Karl! — Was bringt uns diese Freiheit ein, als zwiefachen Kummer. Wir leben getrennt, um
die Menschen über unser Verhältniß im Dunkeln zu lassen;
allein wir täuschen sie nicht. Unsere Kinder entbehren des
Glückes, unter einem Vaterauge aufzuwachsen. Du wolltest
es so, und Dein Wille war mir Gesetz. Sage mir aber
nur einmal recht klar, was sonst noch geschehen kann, geschehen muß, damit Du mit Deinem Schicksale ausgesöhnt
werdest? — Kann ich noch irgend etwas für Dich thun? —
Giebt es noch irgend ein Opfer zu bringen? — Nenne es
und ich hoffe, daß mir kein's zu schwer fallen soll. Nur das
Eine ertrage ich nicht: Dich fort und fort unbefriedigt,
unglücklich zu sehen."

Er hatte, sein Haupt in ihrem Schooße begraben, ihr
zugehört. Jetzt machte sie eine Pause, seiner Erwiederung
harrend. Bevor er eine Antwort ertheilte, sprang er auf,

rannte wild auf und ab, fuhr mit der Hand durch sein dickes Haar, schüttelte es in den Nacken zurück, und setzte sich schließlich ihr gegenüber.

„Anders muß es werden," begann er, und stützte sein Haupt, so daß sein Gesicht von der Hand bedeckt wurde und er wohl sie sehen, sie aber nicht in seinen Zügen lesen konnte; „ich fühle es, daß mein Genius den Sorgen für das tägliche Brod gegenüber zu Grunde geht. Ich muß frei werden von dem martervollen Leben oder meine schöpferischen Gedanken erlahmen."

„Wie, frei werden?" fragte die junge Frau sanft. „Wärest Du es zufrieden, Deine Zeit nicht mit Gold be= zahlt zu sehen? Möchtest Du umsonst arbeiten? Gewiß nicht! Du hast mir ja selbst so oft gesagt, daß das Gold, als Maß des Werthes Deiner Leistungen, der Idee nach dem Künstler mehr gälte, als es dem Nutzen nach zu berech= nen sei, und andererseits hast Du ebenfalls behauptet, ein gewisses Muß sei mehr wohlthätig als nachtheilig für den Mann von Talent, weil begabte Leute nur mit Wider= willen eine mechanische Arbeit verrichten; ohne diese aber, was der Geist geschaffen, nicht an das Licht zu bringen sei. Ein Künstler werde gar leicht zum Bonvivant oder Bumm= ler, wenn die Nothwendigkeit ihn nicht zwänge Ordnung in sein Leben zu bringen; wie häufig hast Du mich damit getröstet, wenn ich Dich beklagen wollte, daß Du Noten

schreiben, oder dem Klimpern Deiner Schüler zuhören
müßtest."

„Ich bewundere Dein gutes Gedächtniß," antwortete
er mit Bitterkeit.

„Ich sehe also nicht ein, wie man Dir die materiellen
Sorgen abnehmen könnte, ohne dem Künstler in Dir eine
Entschuldigung zu leihen, lässig zu werden," sagte sie
unbeirrt.

„Das spricht Dein Ehrgeiz; nicht Deine Liebe."

„Ich wüßte nicht, wie sich beide trennen ließen,"
erwiederte sie sanft und lächelte dazu; „denn ich will ja
vor allen Dingen Dein Glück, und ich kenne Dich. Ohne
Erfolg, ohne den Applaus der Welt wäre es für Dich
nicht zu finden. Sage mir nun aber aufrichtig: was verstimmt Dich? — Was nimmt Dir die Freude an Deiner
Arbeit? — Es wird Dein Herz erleichtern, wenn Du Dich
darüber aussprichst; und vielleicht kann ich Dir dennoch
Hülfe bringen. Der Liebe ist ja nichts unmöglich."

Er bewegte zweifelnd sein Haupt.

„Karl, ich bitte Dich! Bekümmere mich nicht durch
einen Mangel an Vertrauen," sagte sie innig. „Was es
auch sei, theile es mir mit! Ich versichere Dich, daß
Deine Worte, welches Inhaltes sie auch sein mögen,
mich nur halb so unglücklich machen können, wie Dein
niedergeschlagenes Aussehen es thut."

„Gut denn!" rief er plötzlich entschlossen. „Ich will

Dich auf die Probe stellen; ich will sehen, ob auf Deine Liebe zu bauen ist."

„Also?" fragte sie lächelnd und selbstgewiß.

„Wirst Du, wenn man nach mir fragt, mich verleugnen können? Wirst Du, wenn man nach Deiner Beziehung zu mir forscht, zu sagen vermögen: Du kennest mich nicht?"

Purpurglut hatte ihre Wangen überzogen.

„Dich verleugnen?" fragte sie. „Nein Karl, das kann ich nicht. Ich vermag zu schweigen, dem Forschenden zu erwiedern: Was mischen Sie sich unberufen in meine Angelegenheiten? Ich kann den abweisen, der etwas von mir erfahren will; aber das Gegentheil von dem, was Thatbestand ist, versichern, das kann ich nicht; das kann ich nie und — will ich nie!"

„Es ist auch nur von einer Beharrlichkeit im Verschweigen die Rede," erwiederte er befangen.

„Diese werde ich, wenn Du es wünschest, bis zu den äußersten Consequenzen fortsetzen. Allein — wäre es darum nicht auch angemessen, daß Du mir die Gründe, weshalb sich irgend Jemand in unsere Beziehung mischen, weshalb ein unberufener Frager sich hier eindrängen sollte, nenntest?"

„Griseldis machte den Anspruch nie."

„Ist sie plötzlich Dein Ideal geworden?" fragte die junge Frau mit schelmischem Lächeln. „Du hattest ja

sonst ganz andere Typen der Nachahmung für mich? Aber
gleichviel! Auf das Besagte zurückzukommen: was will
man von uns? Warum fürchtest Du die Neugierde der
Menschen?"

„Weil die Menschen neugierig sind, so muß ich fürchten, daß sie sich um Dinge bekümmern, die sie nichts
angehen."

„So plötzlich kommt Dir diese Furcht? — Wie, wenn
ich nun eifersüchtig würde? Eine Nebenbuhlerin witterte?"

Sie lachte dazu, als ob der Fall nur des Scherzes
würdig sei.

„Du nimmst die Sache leicht, wie ich sehe," sagte der
Künstler aufathmend; „Du weißt, daß die Nebenbuhlerin
nie in meinem Herzen einen Platz neben Dir fordern
könnte, wenn sie auch vor der Welt meinen Namen
trüge."

„Es ist also eine Nebenbuhlerin da?" fragte Agathe
erbleichend, und ihre Augen wurden plötzlich größer.

„Man kann es eigentlich nicht so nennen," erwiederte
der junge Mann ausweichend. „Wenn ich, meiner Stellung
in der Gesellschaft halber, einem reichen Mädchen von Familie meine Hand reichen sollte; so geschähe es, wie Du
selbst ja urtheilst, nur des Applaus halber, es wäre eine
reine Geschäftssache, welche mit dem Bündnisse unserer
Herzen nichts zu thun hätte."

„Es wäre?" rief die junge Frau, wie erstarrend vor

einem Bilde ihrer Zukunft, das sie noch nie in das Auge gefaßt hatte, und fast entglitt das Kind ihrem Schooße. „Rosine!" rief sie, und die Wärterin, welche indessen zurückgekehrt war, nahm die Kinder mit sich fort.

Sie stand nun bleich und zitternd dem Künstler gegenüber. „Wenn, was Du als Möglichkeit hinstelltest, Leopold," begann sie, „je der Fall sein könnte; so hättest Du mich fürchterlich getäuscht! Neben Deiner Gattin wäre meine Stellung die eines ehrlosen Weibes, würden meine Kinder Ausgestoßene der menschlichen Gesellschaft, — Bastarde — schlimmer als Waisen! — Sage darum, daß Deine Worte Scherz gewesen sind. — Du bist kein Schuft! — Du bist das nicht."

„Wie kannst Du Dich unterstehen, so mit mir zu reden!" rief er bleich vor Zorn. „Ist das die Sprache, welche eine Frau, die ich erhalte, sich herausnehmen darf?"

„Das, mir!?" stieß Agathe heraus und die Hand auf das Herz legend, als wollte sie es vor dem Zerspringen hüten, brach sie zusammen.

Leopold fing sie auf und trug sie auf ihr Lager. Er badete ihre Stirne mit Eau de Cologne, um sie wieder in das Leben zurückzurufen.

Matt schlug sie endlich das Auge auf; allein so wie sie ihn erkannte, schrie sie auf und wandte sich von ihm ab, als ob seine Nähe ihr Pein verursache.

Das that seiner Eitelkeit weh. Er harrte eine Weile. Als sie aber fortfuhr ihm den Rücken zu wenden, ging er hinaus, empfahl dem Mädchen Sorgsamkeit, und trug ihr auf, ihrer Gebieterin zu sagen, daß sie ihn benachrichtigen möge, wenn sie ihn zu sehen aufgelegt sei.

Sein Ohr vernahm den gellenden Schrei schon nicht mehr, welchen Agathe, so wie er das Haus verlassen hatte, ausstieß; sein Auge sah nicht, wie sie sich in Zuckungen und Thränen auf ihrem Lager wand, die Hände wie eine Verzweifelnde rang, der Anblick ihrer Kinder, statt sie zu besänftigen, nur ihre Aufregung vermehrte, Rosine rathlos neben ihr stand. Diese legte endlich das jüngste Kind in die Wiege, nahm das ältere auf den Arm, und eilte in die dritte Etage hinauf, wo Louise Gerschel, eine junge Näherin, wohnte, mit der sie an schönen Sommertagen des Sonntags in dem kleinen Garten am Hause zusammen gesessen, und eine Art Freundschaftsbündniß geschlossen hatte, das zu gegenseitigen kleinen Gefälligkeiten führte; denn selten kennt man in der großen Stadt die Mitbewohner des Hauses; allein steht hier der Einzelne in den Stunden der Trübsal, allein steht er mit seiner Sorge und seinem Leide, bis von ferne her ein Freund ihn aufgefun den hat.

Das junge Mädchen war so eben erst aus der Stadt zurückgekehrt und hatte Hut und Shawl noch nicht abge legt, als es klopfte und Rosine mit dem Kinde auf dem

Arme, ganz verstört, bei ihr eintrat. Sie berichtete den traurigen Zustand ihrer Herrin, und bat die Andere einen Arzt zu holen. Louise, obgleich ermüdet von ihrem Tagewerke und dem eben zurückgelegten langen Wege nach Hause, hatte keine abschlagende Antwort, wo es galt in der Noth eine Hülfe zu reichen, sie schnürte sogleich die Schleife ihres Hutbandes wieder fest, ergriff die kleine Lampe und ging, die Thüre hinter sich abschließend, die düsteren Treppen hinunter voran; dann eilte sie in die Nacht hinaus, flog der Friedrichsstraße zu, wo sie im Hause des Geheimraths Ledebuhr öfters gearbeitet hatte und am Ersten auf schnelle Hülfe rechnen durfte, im Fall sie ihn nur zu Hause fand. Athemlos langte sie an, wandte sich erst an die Köchin, welche sie dann zu dem Fräulein führte, durch die sie nun zu dem Bruder gelangte. Dieser hatte sich schon in sein Schlafgemach zurückgezogen und las bei einer Studirlampe die Zeitungen. „Agathe Müller, sagen Sie?" fragte er, hoch aufhorchend, „das ist ja eine Fügung von oben. Man soll mir eine Droschke holen, in fünf Minuten bin ich bereit." —

„Seltsam!" murmelte er vor sich hin, während er Hut und Stock suchte. „Als ob es gerade so hätte kommen sollen. Wie erwünscht ist mir dieser Ruf!"

Louise nahm auf dem Rücksitze des Wagens bescheiden dem Geheimerathe gegenüber ein Plätzchen ein und zog ihre Kleider dabei, als ob sie besorge, dem großen

Manne immer noch nicht Raum genug gelassen zu haben, eng um sich zusammen.

Sie erreichten in wenig Minuten die Wohnung
der Frau Müller, Louise hatte den Schlüssel zum Vorhause mitgenommen, und öffnete leise; ihr Lämpchen
stand auf dem Tische, sie leuchtete damit dem Arzte durch
das Wohngemach, wo es dunkel war; Rosinens Stimme
klang zu ihnen herüber, sie sang die Kleinen in den
Schlaf. Louise pochte leise; als Niemand Herein rief,
öffnete sie behende. So wie die hohe Gestalt des Geheimraths in der Thüre erschien, fuhr Agathe von ihrem Lager empor, und maß ihn mit irren Blicken. Sie phan-
sirte. Er legte die Hand auf ihre Stirne, fühlte ihren
Puls. Kein Zweifel, daß eine Gehirnentzündung zu fürchten stand. Er winkte Rosinen in das Nebenzimmer,
um von ihr zu erforschen, seit wann ihre Herrin in diesem Zustande sei, und er vermochte sich aus ihrem Be-
richte so ziemlich den Sachbestand zu erklären. Die Dienerin kannte freilich die Beziehung der Frau Müller zu
dem Herrn Leopold nicht, denn sie war erst seit drei
Monaten in ihrem Dienste; allein sie vermuthete mit
dem richtigen Instincte einer gesunden Natur, daß unter
Beiden nicht Alles so ganz in der Ordnung sei, und
haßte ihn, weil er nie Freude in diese stille Wohnung
brachte.

Das Mädchen war nicht im Stande, die Kinder

zu besorgen und die Kranke zu verpflegen, es mußte ihr eine Hülfe zugegeben werden, Louise erbot sich diese Nacht zu wachen, der Geheimrath fuhr selbst nach einer Apotheke und besorgte die Arznei, in der Frühe des nächsten Morgens versprach er zurückzukehren. Die Lage der jungen Mutter, die kleine so einfache und doch so zierliche Wohnung, sowie Alles, was er sonst über das Leben und den Charakter der Frau Agathe Müller gehört hatte, nahm ihn für diese ein, und wandte ihr seine Theilnahme zu.

So spät es auch schon bei seiner Rückkehr nach Hause war, so ging er doch, bevor er die Ruhe suchte, an seinen Schreibtisch und meldete Frau von Gasmund durch ein paar Zeilen das Vorgefallene, sie bittend, auch den Staatsanwalt Möser davon in Kenntniß zu setzen. Gleich in der Frühe sollte sein Diener ihr diesen Brief überbringen. Auch mit seiner Schwester nahm er dann noch eine kurze Rücksprache, welche die Bitte enthielt: daß sie ihn am Morgen bei seiner Fahrt zu Frau Agathe Müller begleiten möge.

„Es ist dort weibliche Hülfe, weiblicher Rath nothwendig," sagte er ernst; „wir haben, wenn ein Mensch leidet, nicht zu fragen, wie er zu seinem Leiden gekommen ist; sondern ihm vorerst zu helfen; ist das geschehen, dann mögen wir, — wenn es uns Bedürfniß ist,

— forschen, ob er selbst verschuldete, was ihn traf, und den Stachel seiner eigenen Vorwürfe durch die unsrigen verstärken, — obwohl wir ihn dadurch nur unglücklicher, nicht besser machen; — allein das Gewissen von Euch Frauen ist der Art, daß Ihr Euch diesen Triumph Eures eigenen Werthes selten versagen könnt. Vorerst aber soll nur Dein Mitleid reden, das fordere ich!"

Fräulein Ledebuhr war gegen den Bruder nachgiebig, weil sie es sein zu müssen glaubte, damit er nicht auf den Gedanken gerathe eine Gattin zu wählen; sie erfüllte daher nicht aus Liebe, sondern aus Eigennutz, seine Wünsche, und ihre strenge Tugend, — welche freilich nie großen Versuchungen ausgesetzt gewesen — legte sich manchen Zwang an. Sie seufzte, daß sie dem Laster Vorschub leisten sollte; allein sie war dennoch entschlossen es zu thun und zwar mit guter Miene.

Die Nacht ist kurz für den, welcher sein Haupt auf den Pfühl erfüllter Pflichten zur Ruhe legt. Gestärkt erwachte der Geheimrath zu seinem Tagewerke, und zagte nicht, wenn auch persönlich ihm nicht immer in gleichem Maaße gelohnt ward, im Dienste der Menschheit seine Kräfte zu verwenden.

Während er in seinem Taschenbuche die Stunden seiner Visiten verzeichnete, saß Frau von Gasmund an

4*

ihrem Frühstückstische mit seinem Billet in der Hand und
überlegte, ob der Anstand gestatten würde, daß sie zu ihm
eile, und mündlich noch Genaueres über die verworfene
Person zu erfahren suche, von der er in so nachsichtigem
Tone gesprochen. Allein wie groß auch ihre Neugierde
war, so konnte sie das Ceremoniell doch in dem Grade
nicht überspringen, um einen Arzt als Gesunde aufzusuchen;
sie hieß also ihre Wünsche schweigen, und schrieb, zur Erleichterung ihres Herzens, an ihren Geschäftsfreund einen
langen, ausführlichen Brief, welcher die kurze Bitte enthielt,
in der bewußten Sache nun sofort den besprochenen Schritt
zu thun.

Der Staatsanwalt Möser war dieser in ihrer gestrigen Unterredung getroffenen Uebereinkunft nachzukommen
bereit; nachdem er das eben erhaltene Billet zu Ende gelesen, entfaltete er das vor ihm liegende zum Versiegeln
fertige Schreiben, und durchlief seinen Inhalt noch einmal. Es lautete:

„Euer Wohlgeboren

bin ich beauftragt, als Vormund des Fräulein Thorilde von Gasmund, um eine Unterredung zu ersu-
chen, welche entweder in Ihrer Wohnung, oder auch in
der meinigen stattfinden kann, je nachdem es Ihrer Be-

quemlichkeit zusagt. Ich habe mir die Stunden von 10—11 dazu reservirt und erwarte Ihre Antwort.

Euer Wohlgeboren

ergebenster

Staatsanwalt Möser."

Dieser Brief, an Herrn Leopold, Tonkünstler, adressirt, wurde nun sogleich abgesandt, und der Diener beauftragt, die Antwort mitzubringen. Er fand den genannten Herrn im Bette. Um seine Verstimmung los zu werden, war er gestern Abend noch in eine lustige Gesellschaft gegangen und mit grauendem Tage zurückgekehrt; nun wurde er in seinen Morgenträumen durch eine Botschaft aufgescheucht, welche ihn zugleich mit Hoffnung und Bangen erfüllte. Rasch fuhr er von seinem Lager auf, schüttelte sein langes Haar aus dem Gesichte und rief dem Ueberbringer des Briefes zu: daß er in einer halben Stunde bei dem Herrn Staatsanwalte sein werde. Unruhig überlegte er dann, während er weiße Wäsche anlegte, was dieser ihm möglicher Weise mitzutheilen haben werde. Nur flüchtig streiften seine Gedanken zu der armen Agathe, deren Liebe er so versichert war, daß er sie immer noch durch Brosamen überreich zu machen sich im Stande fühlte. Ihn ganz allein zu besitzen, wäre für ein so unbedeutendes ihn nur halb verstehendes Geschöpf des Glückes zu viel gewesen; eigennützig und anmaßend erschien ihm das Begehren, einen Genius, der ohnehin keine Fesseln ertrug, durch die allergewöhnlichsten Bande an sich ketten zu wollen. Auch war sie nach einer ruhigen Nacht gewiß schon zur Erkenntniß dieses Irrthums gekommen. „Eine Droschke!" schrie er hinaus, schlürfte eine Tasse schwarzen Kaffee, streifte ein paar halbschmutzige gelbe Glacéhandschuhe über die langen, feinen Hände, und stürzte sich in den Wagen. Davon rollte dieser mit ihm, der Lösung seines Geschickes entgegen.

4.

Die Enthüllung.

Frau von Gasmund hatte gegen Thorilde noch kein
Wort über den Antrag des Herrn Leopold fallen lassen,
und die dem jungen Mädchen angekündigte Unterredung
schwebte, wie das Schwert des Damokles, über dem schönen
Haupte, das sich, ohne mütterliche Erlaubniß, in eine erste
Liebe verstrickt hatte, deren Strohfeuer allerlei bedenkliche
Funken sprühte. — Sie trug in das große Rechnungs-
buch die verschiedenartigsten Seufzer mit ein, welche sich
unter den Wirthschaftszuthaten recht sonderbar ausnah-
men. Die Arbeit wollte nicht fortrücken; denn das Ohr
der Schreiberin ließ sie bei jedem Schellen am Vorhause,
und dem Tone einer fremden Stimme zusammenzucken,
als ob ein Ereigniß damit verknüpft sei. Ellena's schöne

Stimme drang dabei aus der Ferne an ihr Ohr. Sie sang Liebeslieder.

Wie lang ist so ein Tag, an welchem das Herz klopft, die Pulse jagen, und das gehoffte Ja mit dem gefürchteten Nein auf und ab in der Waage steigen!

Erst um die Theestunde wurde sie erlöst, aber nur erlöst aus ihrer Einsamkeit, nicht aus ihrer peinlichen Ungewißheit. Frau von Gasmund erschien sehr ernst und nachdenkend. Sie erwähnte nicht, wer bei ihr gewesen sei. Doch hatte Thorilde Tritte und Männerstimmen, unter denen sie die ihres Vormunds zu unterscheiden geglaubt, vernommen. Oder war es Einbildung gewesen?

Man sprach von gleichgültigen Dingen. Ellena schenkte den Thee ein, goß, wie gewöhnlich, Alles über und eine lange Strafpredigt erfolgte, welche der Eintritt eines späten Gastes unterbrach. Während man diesen begrüßte, fühlte Thorilde ein Papier in ihre Hand gedrückt; gespannt auf Ellena's geheimnißvolle Mittheilung nahm sie ein Zeitungsblatt, um dahinter versteckt die Schrift zu entziffern; allein sie fand nur die mit Bleistift geschriebenen Worte:

„Dein langes Gesicht gefällt mir nicht. Wozu das? Was man nicht in Güte erhält, das nimmt man mit Gewalt."

So war Ellena von der Sache unterrichtet? Aber wie? Aber durch wen? — Die Mutter hatte gewiß kein

Wörtchen gegen sie fallen lassen. Wieder beklemmte ein Etwas ihre Brust, dem sie keinen Namen zu geben wußte.

Frau von Gasmund wich den Mädchen nicht von der Seite; es war heute weniger noch als sonst an ein vertrauliches Wörtchen unter ihnen zu denken, und der nächste Morgen verwies jede abermals in ihr besonderes Zimmer.

Wie lange sollte diese Art von Gefangenschaft fortdauern? fragte sie sich.

Während Thorilde im Salon am Schreibtische saß, hörte sie die Mutter im Nebengemache unruhig auf und abgehen, wie es gewöhnlich geschah, wenn ihr Gemüth bewegt war, oder eine Sorge auf ihr lastete. Später kam der Geheimrath, darauf dessen Schwester, endlich um die Mittagsstunde der Staatsanwalt Möser. An eine Promenade wurde heute gar nicht gedacht; bei Tische genoß Frau von Gasmund keinen Bissen, Thorilde meinte, sie nähme die Sache viel zu ernst, verheiratheten sich doch andere Mädchen in ihrem Alter, warum sollte sie durch so viele Schwierigkeiten gequält werden?

Die unerfahrene Jugend, welche nur ihre eigenen Wünsche sieht, wird selbstsüchtig aus Unkenntniß der Dinge; nicht Absicht macht sie so.

Sie hätte gern gewußt, was man verhandelte; allein wie sollte sie es in Erfahrung bringen? Die erste Liebe ist furchtsam, schon das Aussprechen des Namens von dem Manne, welchem sie ihre Gefühle gewidmet, bringt hohes

Roth in die Wangen, und scheues Verstecken ist das Element, wovon sie sich nährt.

Es war Dämmerung geworden, und müde ruhte das dunkle Köpfchen in ihren Händen auf dem Tische. Sie hatte sich damit unterhalten, alle Begebenheiten des letzten Jahres, die aus Nichts bestanden und ihr doch so wichtig erschienen, zurückzurufen und aus dem wachen Träumen war sie in das unwillkürliche übergegangen. Da hörte sie ihren Namen rufen und fuhr empor. Thorilde! erklang es noch einmal. Es war die Mutter. Sie beschied sie zu der gefürchteten und doch jetzt ersehnten Unterredung.

Wie ihr das Herz pochte! Wie es still zu stehen schien und dann plötzlich wieder laut ward!

Der Diener brachte Lichter in den Salon. Frau von Gasmund schloß bedächtig die in das anstoßende Zimmer führende Thüre und winkte Thorilden sich zu ihr auf den weichen Sammetdiwan niederzulassen. Sie nahm die Hand des jungen Mädchens, behielt sie in der ihrigen und sah ihr dabei kummervoll in das Auge.

„Du hast mir nie Sorge gemacht, Thorilde!" begann sie, „und wenn es jetzt geschieht, so nehme ich an, daß nur jugendliche-Unbesonnenheit, nicht überlegter Wille die Ursache sei. Du hast Dir nicht vorgestellt, daß es mich tief betrüben würde, wenn ein junger Mann durch die Bitte um Deine Hand, unter der Versicherung, daß es mit Dei-

ner Genehmigung geschähe, mich überraschte? Nicht wahr,
Du hast das nicht gedacht?

Kleinlaut flüsterte Thorilde: „Nein!"

„Du hast nicht gewußt, daß man einen Mann nicht
zu einer Bewerbung ermuthigen dürfe, ohne zu wissen, ob
seine Stellung in der Welt auch eine solche sei, um einem
Mädchen, das Ansprüche machen kann, seine Hand bieten
zu dürfen. Du wirst erst siebzehn Jahre alt, und kennst
das Leben nur aus Dichtungen. Torquato Tasso und
der Ritter von Toggenburg schwebten Dir vor. Allein die
Wirklichkeit sieht anders aus, mein Kind, als die ideale
Welt, womit die Poesie uns erfreut. Dort ist den Männern die Liebe das Erste; im Leben aber geht ihnen der
Ehrgeiz, die Stellung, ihr Ansehen unter den Menschen
Jeglichem vor, und nach dem, was sie da erreichen, werden
sie von der Gesellschaft und folglich auch von den Frauen
beurtheilt. Es thut Dir nun wahrscheinlich weh, wenn ich
Dir sage, daß Herr Leopold die Mittel eine Familie zu
gründen, nicht besitzt und daher, indem er Dich bewegen
wollte, sein Schicksal zu theilen, leichtsinnig mit Deinem
Glücke gespielt hat."

„Ich kann ja warten!" fuhr Thorilde auf. „Ich
bin ja, wie Du eben sagtest, noch nicht siebzehn Jahre alt;
seine Stellung wird sich indessen immer mehr befestigen.
Bin ich mündig, so erhält er dann mit mir mein Erbtheil."

„So?" sagte Frau von Gasmund gedehnt und alle

Milde wich plötzlich aus ihren Zügen. „Also darauf machtet Ihr bereits Rechnung? — Darf ich aber fragen, wo Du die Jahre bis zu Deiner Majorität zu verleben gedächtest?"

„Doch wohl hier?" fragte Thorilde verwundert. „Ohne Zweifel, bis zu meiner Verheirathung, bei Dir?"

„Ohne Zweifel? das fragt sich doch noch," sagte Frau von Gasmund bitter. „Du vergißt bei diesem Rechnungsexempel, daß Du mein eigenes Kind nicht bist. Zum ersten Male muß ich Dich daran erinnern; zum ersten Male, Thorilde, seit ich Dich, ein kleines hülfebedürftiges Wesen an ein Mutterherz legte, und mit Muttertreue und Mutterliebe großzog, — zum ersten Male sei das harte Wort unter uns gesprochen, daß Du nur ein Kind meiner Wahl bist, und daß Dein Erbtheil, wenn Du meinem Willen zuwider handelst, Dir verloren geht."

Hohe Röthe flammte in dem Gesichte der jugendlichen Hörerin auf; dieser folgte tödtliche Blässe, während sie mit zitternd bewegter Stimme erwiederte: „Du würdest mich also verstoßen, sobald ich mich nach eigener Neigung verheirathete?"

„Nicht doch! das wäre hart, wäre grausam," versetzte Frau von Gasmund milder. „Wähle nach Deinem Herzen; aber wähle Niemand, der nicht als Sohn in mein Haus, in meine Gesellschaft, an meine Mutterbrust paßt."

„Habe ich das etwa gethan?"

„Du haſt es."

„Ich glaubte die Bildung ſei der beſte Adel."

„Ich ſpreche nicht einmal von Adel; ich ſpreche nur von Achtbarkeit."

„Wo ginge dieſe Leopold ab?"

„An allen Seiten, wo er ſich Deinem Auge entzog. Du ſahſt ihn nur am Claviere, ſahſt nur den Künſtler, nie den Menſchen. Du keunſt ſein Thun und Treiben nicht; er iſt Dir unbekannt in ſeinen Beziehungen zu der Welt, zu liebenswürdigen Frauen. Du liebteſt in ihm, was in ihm liebenswerth iſt: ſein Talent; — doch bietet daſ-ſelbe keine Art von Garantie für Dein Glück, das aus ganz anderen Eigenſchaften hervorgehen muß."

„Ich bewundere ihn ſo ſehr, daß ich kleine Schat-tenſeiten ſeines Charakters, — wenn ſich dieſe vorfinden ſollten — überſehen könnte. Er brauchte ſich nur an den Flügel zu ſetzen, und über dem Künſtler wäre jede Schwäche des Menſchen vergeſſen."

„Das meinſt Du? Armes Kind! Doch ſagte ich Dir, wie ſchwer Du dieſen Irrthum büßen könnteſt, ſo würdeſt Du es nicht für möglich halten. Ich will Dir alſo kein ſchwarzes Bild Deiner Zukunft an ſeiner Seite vorführen, das Dir unverſtändlich wäre, Dir unglaublich erſcheinen würde; ſondern nur einfach an Deine Recht-lichkeit appelliren. Wenn Leopold ein früher gegebenes

Versprechen zu lösen hätte; würdest Du dann seine
Bitte um Deine Hand gerechtfertigt finden?"

„Das hat er nicht!" fuhr Thorilde auf und lächelte
dazu in schönem gläubigen Vertrauen.

„Wenn ich Dir aber beweisen könnte, daß es der
Fall wäre?"

„Wie der Fall? — Meinst Du etwa zu sagen, daß
er schon einmal ein Mädchen geliebt hat? — Meinst Du
das; so verzeihe ich es ihm gern. Täuschen doch auch
wir uns mitunter in unsern Neigungen; warum also er
nicht?"

„Du wärest es also zufrieden, nicht seine erste Liebe
zu sein?" -

„Warum nicht? Sobald ich nur seine letzte bin?"

„Wer aber bürgt Dir dafür, daß sein Herz bei Dir
stehen bleibt?"

„Meine Neigung für ihn, mein Vertrauen in ihn,
die tausend Stimmen in meiner Brust, und diese innern
Stimmen, sie müssen Wahrheit reden. — Sieh, Mutter,"
fuhr sie lebhaft fort, „ich wußte wohl, daß Leopold Dir
kein willkommener Sohn sein würde, sein könnte; und darum diese Heimlichkeit, die ich mir tausendmal vorgeworfen
habe. Aber ich liebte ihn, das entschuldigt Alles. Suche
mich nicht von ihm abwendig zu machen, trenne uns nicht,
ich bitte Dich! Ich möchte Dich nicht lassen, ich möchte ihn
nicht lassen; und doch, sollte mein Herz entscheiden zwischen

der Mutter und dem Manne meiner Wahl, müßte ich da
nicht dem letzteren anhangen? — Gerade weil Du auf ihn
herabsiehst, gerade weil Du ihm vorwirfst keine Stellung zu
haben, keinen vornehmen Namen zu tragen, gerade darum
liebe ich ihn nur um so mehr; denn es gesellt sich auch das
Mitleid zu meiner Liebe; er thut mir leid, ich möchte ihm
seine Sorgen abnehmen, möchte ihn heben, möchte ihm
Alles das, was seinem Leben fehlt, geben können. Darum
auch dachte ich an mein Vermögen. Nur seinetwegen
möchte ich es besessen haben, und wenn ich keines besitze,
so thut es mir nur seinetwegen leid. Ich kann ja sonst so
wenig für ihn thun, denn seine Kunst giebt ihm Alles; sie
ist seine Welt, sie ist sein Himmel, sie sein Paradies; zu ihr
flüchtet er mit seinem Glücke, zu ihr mit seinem Schmerze.
Was braucht er mich da? Es ist ja nicht mit ihm, wie mit
andern armen Menschensöhnen, die des Wortes bedürfen,
um von sich abzulösen, was sie freut und was.sie quält;
denn er hat seine Töne, die ihm antworten, die sein Echo
sind. Weil ich nun fühle, wie entbehrlich ich ihm bin, so
bin ich um so dankbarer, daß er dennoch mich an seinem
reichen Leben will Theil nehmen lassen. Er verdient daher
nicht, daß Du ihm eine kalte Antwort ertheilst, Mutter, er
verdient es wahrlich nicht, denn er meint es so gut."

Sie faltete die zarten Hände flehend in einander und
richtete die schönen dunkeln Augen mit dem Ausdrucke der
innigsten Bitte zu ihr empor.

Schmerzlich bewegt wandte Frau von Gasmund den Blick von ihr ab.

„Du marterst mich!" sagte sie traurig.

„Mutter! Meine geliebte Mutter! Meine Wohlthäterin!" fuhr Thorilde fort. „Sei einmal billig, laß Dein Vorurtheil fahren, sieh in dem Künstler den gebildeten Menschen, wende ihm als solchem Dein Wohlwollen zu! Sage Ja, und ich werde so unendlich glücklich sein. Laß mich frei!"

„Nie!" fuhr Frau von Gasmund auf.

„Was hast Du an ihm auszusetzen, als daß er arm ist?" fuhr Thorilde fort. „Ist Armuth aber ein Fehler? Wird Leopold nicht mit jedem Jahre in seiner Kunst steigen? — Und da ich keine Ansprüche mache, mit ihm entbehren, mit ihm hoffen kann und will, warum wolltest Du Dich gegen ein einfaches Leben setzen, wenn es mir Glück bringt?"

„Es bringt Dir kein Glück!" sagte Frau von Gasmund bestimmt. „Es bringt Dir Noth und Sorge, Kummer und Elend."

„Warum meine Zukunft in so schwarzem Lichte sehen?"

„Weil ich wahr sehe; weil ich weiß, daß Du es nicht ertragen würdest, Dich in einer beschämenden Lage zu befinden; Du vor Allen nicht; denn Dir liegt an der Meinung der Welt."

„Die Gattin eines Mannes von Talent lebt in keiner beschämenden Lage," sagte das Mädchen mit erhobenem Kopfe.

„Aber die Gattin eines Clavierlehrers."

„Alle großen Künstler haben Unterricht ertheilt, es ist dies eine Beschäftigung, zu der schon Neigung sie treibt, sie lehren die Kunst der Kunst willen."

„Das hat er Dir gesagt?"

„Ja, und noch viel mehr hat er mir gesagt. — Auch für meine eigene Lage hat er mir Verständniß gegeben," rief Thorilde gereizt.

„Wie so? Wie für Deine eigene Lage?" fragte Frau von Gasmund erwartungsvoll.

„Für meine eigene Lage," fuhr Thorilde fort und schlug das Auge nieder, während ein Ausdruck bitterer Wehmuth den reizenden Mund umzog, „denn ich wußte ja nicht, warum man in der Gesellschaft, so wie mein Name genannt wurde, sich so seltsam ansah, und einander mir unverständliche Fragen vorlegte. Ich war so sorgenlos froh aufgewachsen, und hatte es nie bezweifeln lernen, daß Du meine wirkliche Mutter seiest, bis —"

„Nun bis —" fragte Frau von Gasmund immer erwartungsvoller.

„Bis jene halben Worte und Blicke mich belehrten, daß ich nur ein — geduldetes Mitglied Deines Kreises

sei. — Das rief meinen Stolz wach! — Ich mag dies
Mitleid nicht."

Mühsam stieß sie die letzten Worte heraus und kniete
vor Frau von Gasaund hin, begrub ihr Haupt in deren
Schooß und schluchzte laut. Sanft streichelte diese ihr
Haar. Ihre ganze Zärtlichkeit für dies Kind ihrer Wahl
erwachte. „Du, geduldet?" rief sie empört. „Du, mein
Stolz, mein Glück! Du, in jeder Weise erzogen, um in
den ersten Kreisen der Hauptstadt zu glänzen, Du, geduldet?
Wer konnte eine so thörigte Aeußerung fallen lassen?"

„Man hatte wohl ein Recht sie fallen zu lassen,
denn — wer bin ich, was bin ich, Mutter? — Ein armes
Mädchen, ohne Familie, ohne Namen."

„Ohne Namen? Nein, Du trägst den Deines Vaters.
Wer kann auf diesen einen Makel werfen?"

„Aber meine Mutter? Wer sie war, erfuhr ich nie."

„Gleichviel, Dein Vater blieb Dir."

„Ich trug, als ich geboren ward, nicht seinen
Namen."

„Was liegt daran, sobald er Dir nur später ward?'

„Nein, meine Mutter! Wie wir es auch beschönigen,
wie Du auch den Schein wahrest, und unsere Verhältnisse
der Welt zu verhüllen suchst, die Welt ahnt sie nicht minder.
Kein Mann von Familie kann mir seine Hand bieten, ohne
eine Mißheirath zu begehen. Mögen wir es drehen und

wenden, wie wir wollen, ich bin und bleibe — ein geduldetes Mitglied Deines Kreises; ich bin ein Mantelkind."

Frau von Gasmund verhüllte ihr Gesicht und schluchzte.

„Du tödtest mich, Thorilde, mit dieser Auffassung Deiner Lage!" hob sie endlich an, nachdem sie zuvor einen Kuß auf das wieder in ihren Schooß gesenkte Köpfchen gehaucht hatte. „Wer konnte so grausam sein, Dich mit Dingen bekannt zu machen, die Dir ewig fremd bleiben sollten? Wer konnte durch solche Enthüllung Dir Deine Jugend trüben, und Dir die unbefangene Freude am Dasein rauben? Wer konnte das Gift des Mißtrauens gegen die Menschen, mit denen Du in Berührung kommst, in Deine Seele träufeln? Ist das Leopold's Werk, so erkenne ich an dieser einzigen That sein schwarzes Herz. Er wollte Dich uns entfremden, Dich von Deiner Familie losreißen, sie zu Deinen natürlichen Feinden machen. Sage selbst, ob das recht, ob das gut war? — Wenn er Dich geliebt hätte, so würde er Dein Glück im Sinne gehabt haben und das forderte sein Schweigen; sein unverbrüchliches Schweigen."

„Ich selbst war es, die Wahrheit um jeden Preis von ihm forderte!" sagte Thorilde erschüttert.

„Wie ein Kind fordern würde, daß man ihm ein Messer in das Herz stoße; wer aber würde ihm diese Bitte

5*

gewähren wollen? — Es war ein moralischer Todschlag, den er an Dir beging. Deine glückliche Blindheit, wer giebt sie Dir nun wieder? Niemand! Der ruhige Frieden Deiner Seele ist gestört, die Welt ein Kampfplatz für Dich geworden, Argwohn begleitet Deine Schritte, Du wähnest hinter jedem Lächeln den Verrath, Du mißtrauest jedem Wohlwollen."

„So ist es, meine Mutter!" fiel Thorilde mit einer tonlosen Stimme ein. „So ist es! Darum laß mich mit Leopold ziehen; darum laß ihn mit seinem Namen dieses arme Leben schützen und bedecken. So viele Kinder sterben in der Wiege; warum mußte gerade mich der Tod verschonen?"

„Thorilde! Mein armes Kind!" rief Frau von Gasmund, und schloß sie mütterlich an ihre Brust, „hast Du hier nicht eine Stätte, wo Du geborgen bist?"

„Nicht geborgen, Mutter!" sagte Thorilde sich aufrichtend, mit wehmüthiger Neigung des schönen Hauptes. „Die Welt findet mich auch dort. Die Sünden der Väter strafen sich an den Kindern; der Tod allein hätte mich schützend bewahren können; lebend bin und bleibe ich ein Aufdringling. Darum laß mich fortgehen, aus Verhältnissen, welche den Vorwurf dieses Makels täglich neu mir entgegentragen und meinen Stolz beleidigen."

„Armes Kind!" rief Frau von Gasmund mitleidig. „Könnte ich Deinen Wunsch erfüllen, ohne gewissenlos an

Dir zu handeln, so würde mich in dieser Stunde nichts
davon abhalten Dir Deine Bitte zu gewähren, um nur auf
Deinem lieben Antlitze das frohe Lächeln wiederzusehen,
das mich stets beglückte! — Meine Liebe für Dich ist die
einer Mutter, was Dich betrübt, betrübt mich doppelt. —
Wie aber kann ich Dir helfen?"

„Laß mich ziehen, Mutter!" sagte sie wieder mit
jener ruhigen Kälte des Tones, welche tiefer rührte, wie es
die zärtlichsten Worte vermocht hätten.

„Du möchtest von mir fort, um jeden Preis Dich
meiner Obhut entziehen? Fühlst Du nicht, wie hart diese
Forderung ist? — Ich habe Dir mein Leben gewidmet;
so sehe ich nun meine Sorge gelohnt! Aber lassen wir das.
Du bist in einer Stimmung, wo man mit Dir über die
Billigkeit Deines Thuns nicht rechten kann. Sage mir nun
vorerst aufrichtig: ist es nur der Wunsch einen andern
Namen zu tragen, der Dich, wie ich jetzt hoffe, bewog,
Leopold's Hand annehmen zu wollen, oder — liebst Du
ihn wirklich?"

„Ich liebe ihn!" rief das Mädchen und ihr Auge
leuchtete auf. „Für ihn zu leben wäre des Lebens noch
werth; denn ihm bin ich hochgeboren."

Dieser Ausruf ließ Frau von Gasmund stutzen. Es
wurde ihr plötzlich klar, wie viel Theil gekränkter Stolz an
der Liebe ihrer Pflegetochter für den Tonkünstler habe.
Den Vortheil dieser gewonnenen Einsicht benützend, sagte

sie: „Wenn er selbst aber auf Dich verzichtete, sobald er
erführe, daß Du ihm kein Mitgift brächtest?"

„Das wird er nicht!" fuhr Thorilde auf.

„Warten wir es ab!" versetzte die Mutter mit feinem
Lächeln.' Die Mittheilung sind wir ihm jedesfalls schuldig."

———————

Verkaufte Liebe.

Leopold trat während der Zeit mit befangener Miene bei dem Staatsanwalte Möser ein. Dieser empfing ihn höflich, aber kalt. „Ich danke Ihnen, daß Sie sich zu mir bemüht haben," sagte er, ihm einen Schritt entgegentretend, und wies ihm den Platz im Lehnstuhle, der neben seinen Schreibtisch gerückt stand und für die Clienten bestimmt war, an. Eine kurze Pause fand statt. Möser benutzte diese, um einen Blick in das Antlitz des jungen Künstlers zu werfen, welcher ihm bis heute ganz unbekannt geblieben und dessen Charakter zu erspähen jetzt von Interesse für ihn war. Die kurze Prüfung genügte. Schwäche und Gehaltlosigkeit standen in diesen Zügen geschrieben, von starker Männlichkeit war nirgends eine Spur. Wehe der Frau, welche sich an dieses Rohr lehnte, das sich vor jedem neuen Eindrucke beugte. So ungefähr lautete das Resultat seiner kurzen Prüfung, die er mit folgender Anrede an sein vis-à-vis schloß:

„Sie haben, auf die Neigung von Fräulein Thorilde v. Gasmund fußend, um diese angehalten; ich, als deren Vormund, muß mir nun aber die Frage erlauben, welche Mittel, um die junge Dame standesmäßig erhalten zu können, Ihnen zu Gebote stehen?"

Leopold wurde roth bei dieser Frage. Er warf einen lauernden, hämischen Blick auf den Staatsanwalt; seine Lippen preßten sich, wie in verhaltener Wuth, zusammen.

„Die Einnahme eines Künstlers ist dem Zufalle unterworfen, es läßt sich darüber kein Budget feststellen," sagte er endlich kurz. „Ein Mädchen, das mich liebt, wird, was das Glück mir bringt, mit mir theilen. Von einem standesmäßigen Unterhalte kann außerdem doch eigentlich nicht die Rede sein, da Fräulein von Gasmund, so viel ich weiß, nicht von Stand ist. Als Gattin eines Künstlers aber gehört sie keiner Kaste an, das Genie ist von Gottes Gnaden und kann auf Erden nach Gefallen leben. Uebrigens wird sie kein Mangel treffen; denn davor sichert sie schon ihre Mitgift."

Diese mit Ironie vorgetragene Erwiederung brachte auf den Staatsanwalt keinen günstigen Eindruck hervor. Er lehnte sich in seinen Sessel zurück, und erwiederte mit eisigem Tone:

„Sie scheinen über die Privatverhältnisse der Familie von Gasmund falsch berichtet zu sein.“

„Nicht daß ich wüßte.“

„Das Gerücht nennt mein Mündel vielleicht reich; allein auf solches on dit der Welt dürfen Sie nicht bauen. Frau von Gasmund lebt allerdings auf einem Fuße, welcher ein ansehnliches Vermögen bei ihr voraussetzen läßt; allein wer sagt Ihnen, daß sie dies ihrer Tochter vermachen werde? Eine Frau in ihrem Alter kann sogar noch an eine zweite Heirath denken.“

„Auch würde ich darauf nicht bauen,“ versetzte der junge Tonkünstler mit demselben ironischen, herausfordernden Ausdrucke; „was Thorilde der Gunst dieser hochmüthigen Frau verdanken sollte, möchte ich nicht einmal in ihrem Besitze wissen; doch was ihr das Testament des Vaters zuspricht, mag sie mit gutem Gewissen wie ihr rechtmäßiges Eigenthum hinnehmen.“

„Sie kennen dieses Testament also?“

„Ich kenne es.“

„Darf ich fragen, wie Sie mit seinem Inhalte bekannt geworden sind?“

„Ich glaube dies gehört nicht zur Sache.“

„Nein,“ erwiederte der Staatsanwalt kurz. „Da es hier beim Gerichte niedergelegt war, so konnten Sie eine Abschrift davon erbitten.“

„Ich konnte das.“

„Sie sind demnach bei Ihrer Bewerbung recht plan-
mäßig und vorsichtig zu Werke gegangen, wie es scheint?"
Leopold biß sich in die Lippen.

„Sie werden mir dafür Ihren Beifall zollen," erwiederte er mit bitterm Hohne. „Wenn meine Kunst nach
Brod gehen muß, so sollte meine Gattin, auch ohne von
Geburt zu sein, für ihre Existenz von keinem Tagelohne
abhängen."

Der Staatsanwalt räusperte sich.

„Ohne diese Sicherheit würden Sie also nicht um
das Mädchen angehalten haben, wie es scheint? Hm! Ich
kann das allerdings „„nur loben."""

„Ich glaube Ihnen das!" warf Leopold ironisch ein.

„Wie nun aber, wenn das Mädchen auf diese Summe,
welche ihr der Vater ausgesetzt hat, unter gewissen Umständen doch keine Ansprüche hätte? — Sie würden dann
zurücktreten, nicht wahr?"

„Das Testament redet von keiner Clausel; es ist kein
Vorbehalt genannt;" sagte Leopold übermüthig.

„Nein. Sie haben es sorgfältig und richtig gelesen,
wie ich sehe. Allein wenn es dem Vormunde zuständе, hier
verhindernd einzutreten?"

„So giebt es in Preußen Gesetze, welche es ihm ver-
bieten könnten," rief der junge Künstler triumphirend.

„Freilich, sobald er nicht selbst auf dem Boden des
Gesetzes stände; allein von einen Advocaten läßt sich dies

kaum erwarten. Trauen Sie mir alfo zu, Herr Leopold,
daß ich in diefer Angelegenheit nicht über meine Inftruc-
tionen hinausgehen werde."

Leopold verbeugte fich ftumm.

„Diefe lauten dahin," fuhr unbeirrt der Advocat
fort, „daß, im Falle Fräulein Thorilde von Gasmund in
irgend einer Weife des von dem Verftorbenen ihr zugeftan-
denen Namens fich unwerth bezeigen, eine ihren Familien-
beziehungen unangemeffene Lebensftellung erwählen, wie
etwa auf die Bühne gehen, eine nicht wünfchenswerthe Heirath fchließen, kurz irgendwie den Anfichten ihrer Mutter
und ihres Vormundes in Uebereinftimmung zuwiderhan-
deln follte, der ihr in dem Teftamente zugeficherten Erb-
fchaft für verluftig zu erklären fei und man fie von Stund'
an ihrem Schickfale überlaffen könne.

„Das ift eine Tyrannei!" rief der junge Künftler
empört aus. „Diefe Inftruction wird Sie nicht ermächti-
gen, in fo graufamer Weife mit dem armen Mädchen zu
verfahren. Es wird Frau von Gasmund nicht gelingen, ihr
ein rechtmäßiges Erbtheil vorzuenthalten!"

„Ich will Sie nicht zwingen, meinem Worte zu glauben," fagte der Staatsanwalt kalt. „Bemühen Sie fich
gefälligft zu einem Advocaten, und befragen Sie ihn um
feine Anficht von der Sache; er mag Ihnen den Paragraphen unferes Gefetzbuches auffchlagen, wo gefchrieben
fteht: daß jeder Teftator berechtigt ift, durch ein folches

Codicill sein Testament zu ergänzen. Die Abschrift dieses Codicills steht zu Ihrer Verfügung."

„So muß man das Testament umstoßen!"

„Versuchen Sie es."

Diese eiskalte Antwort ließ den Künstler zu einem anderen Tone übergehen.

„Und sollte auf dem Boden des Gesetzes dem armen Mädchen kein Recht erblühen," sagte er wegwerfend, „nun, so muß sie sich bescheiden und an des armen Künstlers Tafel von einem Gerichte Gerngesehen speisen lernen. Ausgestoßen, geächtet von ihrer Familie, soll sie in der meinigen eine Stätte finden, wo man suchen wird sie vergessen zu machen, welches bittere Unrecht die Verwandten von Geburt ihr zugefügt."

„Ihre Familie?" fragte der Staatsanwalt und richtete den Blick ruhig auf sein Gesicht. „Rechnen Sie zu Ihrer Familie etwa Frau Agathe Müller?"

Es war, als hätte ein Scorpion den Künstler gestochen. Aschgrau wurde seine Farbe.

„Sie beleidigen mich, mein Herr!" stammelte er.

„Wie so?" fragte jener gedehnt. „Es war nur eine bescheidene Frage. Man hat mir gesagt, daß sie dort viel aus- und eingehen."

„Ich verstehe. Man hat mich verleumdet!"

„Warum verleumdet? Scheint Ihnen Ihre Bezie-

hung zu jener Dame der Art, daß man sie in einem gehässigen Lichte darstellen könnte?"

„Warum nicht? Die Prüderie nimmt an Allem
Anstoß. Der Philister mit seinem langen Zopfe sieht in
jeder Beziehung zu einer Frau ein unrechtmäßiges Verhältniß. Nur dem Reinen ist Alles rein."

„Also Ihnen?" Zum ersten Male umspielte ein leichtes ironisches Lächeln die Lippen des Staatsanwalts bei
diesem „also Ihnen?" „Wir wollen darüber nicht streiten,
Herr Leopold," fuhr er dann fort, „lassen Sie mich immer-
hin den Zopf repräsentiren, und nehmen Sie für sich die
Reinheit des Herzens in Anspruch; ein Glück für Sie,
wenn Sie sich so über sich selbst täuschen können. Aber
allen Ernstes muß ich jetzt die Frage an Sie richten; ob
Sie, wenn Fräulein Thekilde von Gasmund ihr Erbtheil
durch eine Verbindung mit Ihnen einbüßen sollte, dennoch
bei dieser Verbindung beharren würden?"

„Der Zweifel schließt eine Beleidigung ein, Herr
Staatsanwalt," versetzte der junge Mann mit erhobenem
Haupte.

„Ich bitte meinen Worten keine solche Auslegung zu
geben. Ich rede als Geschäftsmann, ich habe meine
Pflicht zu thun. — Sie erklären, daß Sie aus diesem
Grunde Ihre Bewerbung nicht einstellen würden. Da nun
aber ich, als Vormund, sowie Frau von Gasmund als
Mutter, gegen diese Verbindung nicht zu beseitigenden

Einwand zu erheben haben, so sind wir übereingekommen, Ihnen ein Compromiß vorzuschlagen. Ihre Neigung zu dem Fräulein kann Sie nicht blind gegen die Unannehmlichkeiten machen, welche, wenn Sie sie arm und verstoßen in Ihr Haus führten, nicht ausbleiben würden."

„Es ist eine entsetzliche Ungerechtigkeit!" rief Leopold aus. „Es ist ein Hochmuth, welcher eine Strafe verdient!"

„Sie mißverstehen unsere Gründe. Es ist nicht zunächst Ihr Stand, sondern Ihr Charakter, Herr Leopold, um dessen willen Frau von Gasmund ihre Zustimmung nicht geben kann."

„Herr Statsanwalt!" fuhr dieser auf.

„Hören Sie mich ruhig an," sagte dieser besänftigend und winkte ihm den Sitz ihm gegenüber wieder einzunehmen. Leopold entschloß sich dazu mit resignirter Miene.

„Sie haben mich vorhin unter dem Philister verstanden. Es ist wahr, ich hege Ihnen gegenüber hausbackene Ansichten von unserem bürgerlichen Leben, von den Beziehungen der Familie, von Ehre, Treue und Pflicht; ich weiß, daß Dichter und Künstler wähnen, diese enggezogene Linie sei nicht für sie da; sie überlassen sich gern ihren Wallungen, sie lassen sich hinreißen von ihren Empfindungen, weil es Ihnen an Begriffen fehlt; sie arbeiten nicht an ihrem innern Menschen, ihr Beruf hat nichts mit Ehre und Pflicht zu thun, sie sind auf Beifall und nicht auf Achtung bei ihren Leistungen angewiesen. Sie lassen sich in

allen Stücken gehen. Es ist daher nicht Ihre Stellung
als Künstler, sondern was der Künstler als Mensch ist,
weshalb Frau von Gasmund mit ihrem Willen niemals
eine Tochter Ihnen geben würde; Fräulein Thorilde aber
eignet sich weniger noch, als manche andere Mädchen, für
eine solche Lage. Sie ist zart von Körper und verwöhnt.
Sie ist sehr ehrgeizig und stolz. Wie paßt sie also mit diesen Eigenschaften in solche Verhältnisse? — Wenn Sie
die Sache vernünftig überlegen, werden Sie selbst einsehen,
daß Sie sich und das Mädchen unglücklich machen. Ich
möchte Ihnen also einen Vorschlag zur Güte thun. Geben
Sie Thorilde, weil es Ihr beiderseitiges Wohl erfordert,
auf und reichen Sie Frau Agathe Müller Ihre Hand.
Frau von Gasmund bietet Ihnen dafür die Hälfte des
Thorilden von ihrem Vater ausgesetzten Vermögens. Dies
Capital wird Ihre Lage bedeutend verbessern, es wird Sie
großer Sorgen entheben. Die Kunst geht nicht gern nach
Brod, ich weiß es, Sie müßten außerdem manche Opfer
bringen, um eine zweite Häuslichkeit aufrecht zu erhalten;
verschmelzen Sie das jetzt Alles, machen Sie Eine Familie
daraus und Sie werden sorgenlos Ihrem Berufe leben
können. Ich rathe Ihnen als Freund, ich rathe es Ihnen
wohlmeinend, als älterer Mann dem jüngeren, nehmen
Sie meinen Vorschlag an!"

Der Staatsanwalt hätte noch lange, ohne von Leopold unterbrochen zu werden, fortsprechen können, denn die-

fer faß, das Haupt in die lange Hand gestützt, wie mit seinen Gedanken weit abwesend, einem Träumenden gleich, da.

Eine Pause entstand.

„Nun?" fragte endlich der Staatsanwalt mit erhobener Stimme. „Darf ich hoffen, daß Sie der Vernunft Gehör geben?"

Leopold fuhr auf. Er sammelte sich, wie Jemand, der in tiefem Schlafe befangen gewesen ist. Darauf seufzte er.

„Sie wollen es!" sagte er und der Ausdruck leichten Spottes kehrte um seine Lippen zurück. „Ihr Vorschlag macht mich zu dem, was ich sonst nicht geworden wäre. Aber ich muß Thorilde vorher noch sehen."

„Ich weiß nicht, ob dies wünschenswerth ist," entgegnete der Staatsanwalt überlegend.

„Vielleicht Ihnen nicht, aber mir," versetzte der Künstler gereizt.

„Wenn es Bedingung von Ihrer Seite ist, so müssen wir diese eingehen. Aber was kann es Ihnen nützen?"

„Wie Sie wollen," sagte Leopold achselzuckend.

„Gut denn, es mag sein. Die Unterredung wird Ihnen gewährt; doch vorher unterzeichnen Sie die Entsagungsacte und nehmen den Wechsel auf die Ihnen dafür gezahlten zehntausend Thaler in Empfang."

„Ah! ich sehe!" sagte der Künstler mit ironischem

cheln. „Nun gut. Es sei, wie Sie gesagt. Dies für das.
Sie sind ein sehr kluger Mann, Herr Staatsanwalt; allein
wir werden ja sehen. Wer zuletzt lacht, lacht am besten.“

„Und Ehrlichkeit währt am längsten,“ erwiederte der
Advocat und maß ihn mit seinen hellen Augen so offen,
als wolle er ihm bis in die tiefste Seele schauen.

Sie schieden kalt von einander. Möser war überzeugt, daß Jener irgend etwas im Sinne trage, wodurch er
Vormund und Mutter für ihre Weigerung zu strafen ge-
denke.

„Was kann er aber thun?“ fragte er sich wiederholt
und wie er auch darüber nachsann, so wollte keine Vermuthung in ihm aufsteigen. Er setzte einstweilen die Acte
auf und fuhr dann zu Frau von Gasmund, um ihr das
Resultat seiner Unterredung mit dem Künstler mitzutheilen.
Diese weinte Freudenthränen. Ihr war das Kind ihrer
Wahl dadurch neu geschenkt, und doppelt empfand sie jetzt,
seit deren Verlust sie so nahe bedroht, was ihr Thorilde
gewesen. Die von ihr geopferte Summe war erheblich;
allein das schmerzte sie nicht, denn im Vergleiche zu dem
jetzigen Gefühle ihres Glückes kam ihr Alles klein vor.

So ist es, wenn das Herz alle seine Empfindungen
auf eine Nummer gesetzt hat; kommt dann eine Niete
heraus, so hört der Pulsschlag des Lebens gleichsam auf,
und die Erde gleicht einer Wüste.

Glücklich der, welchem seine Nummer bleibt, und weise,

wer dem Schicksal keine solche Gelegenheit, das Gebäude seiner Hoffnungen mit einem Schlage zertrümmern zu können, bietet.

Die größte Schwierigkeit blieb nun nur, wie man Thorilde auf das Geschehene vorbereiten könne, und in welchem Sinne sie diese letzte Unterredung mit dem Künstler aufzufassen habe.

6.

Eine bittere Erfahrung.

Frau von Gasmund brachte die Nacht neben dem
Lager ihrer Adoptivtochter auf einer chaise longue ruhend
zu, und überwachte deren von unruhigen Träumen unter-
brochenen Schlummer. Die Unterredung hatte dieser ein
nervöses Kopfweh zugezogen, das sie beängstigte. Mit
banger Sorge sah sie daher dem kommenden Tage entgegen, welcher für Thorilde noch mehr peinliche Auftritte
mit sich führen sollte.

Ellena war, als sie sich erhob, im Zimmer und sie
hieß diese, um jeder Wiederaufnahme ihres Gespräches vom
gestrigen Tage vorzubeugen, dort verweilen. Sie früh-
stückten alle drei vor dem Lager Thorildens. Später, als
ihr der Staatsanwalt gemeldet wurde, rief sie die Jungfer
herein, ihren Platz so lange zu vertreten. Thorilde ver-

6*

langte bald darauf sich anzukleiden. Obgleich noch erschöpft von der gewaltigen Aufregung, konnte sie dennoch das Ruhen nicht länger ertragen. Ihr war zu Muthe, als drohe ihr noch ein großes Unglück! Sie fuhr bei jedem Geräusche zusammen, der Klang jeder fremden Stimme ließ sie erbeben. So oft draußen die Schelle gezogen ward, schwebte Leopold's Name auf ihren Lippen. Sie zitterte bei dem Gedanken an seinen Zorn, wenn man ihm die Vermuthung ausspräche, daß er sie, weil sie ohne Vermögen sei, aufgeben würde.

Ellena trällerte ein Lied, und schürzte dabei vor dem Spiegel die langen goldblonden Flechten über ihre Stirne.

„Ich soll Dich unterhalten, Dich erheitern, hat die Mutter gesagt," warf sie dazwischen hin, „allein ich weiß traurigen Leuten nichts zu sagen, als daß ich jede Traurigkeit für eine Dummheit halte. Wer jung und gesund ist, sollte sich seines Lebens freuen. Sieh den blauen Himmel und die lachende Sonne; sieh das erste frische Grün vor unserm Fenster und die kommenden Blüthen! Das Alles spricht von Hoffnung, Lust und Freude. Wenn nun die Nachtigallen zu singen beginnen, und der Mond Abends über die Erde hinscheint, dann wird es erst recht schön in dieser Welt, und lustig will ich dann sein! — Nur Eins fehlt mir — Berge."

„Du hast ja den Kreuzberg!" fiel Thorilde spottend ein.

„Der Maulwurfshaufen!" sagte Ellena gutmüthig.
„Nein, das genügt nicht. Berge will ich, welche die Welt
in ihrem Entstehen durch furchtbare Revolutionen him-
melhoch empor trieb, welche die Erde beherrschen und der
Ebenen spotten."

„Nun und was wolltest Du mit diesen Bergen beginnen?"

„Von da herab Lieder an die Freude singen, in welche
Wald und Flur und die ganze lebende Natur mit ein-
stimmten? Sieh! das wäre meine Lust und mein Glück."

„Ich glaube, Du würdest es nicht lange auf Deiner
Höhe aushalten," erwiederte Thorilde. „Ganz allein dort
würde Dir die Zeit bald lang werden."

„Mit nichten, ma soeur!" sagte diese mit verneinender Bewegung des schönen Hauptes. „Du kennst mich
nicht, wenn Du glaubst, daß ich der Menschen bedürfe!
Wald und Flur und Freiheit, das brauche ich. Die Ele-
mente sind meine liebsten Gefährten. Wenn der Wind
sauft, und ich meine Kräfte in seinem Tosen erprobe, ha!
wie ist mir dann so wohl! — Wenn das Wasser rauscht,
höre ich ihm stundenlang zu. — Komme ich einmal in die
Morgenluft hinaus, ich arme Stadtpflanze, wenn der Thau
noch auf den Blättern liegt, dann athme ich mir die Brust
so voll und fühle, daß ich lebe. Das ist Hochgenuß."

„Mir nicht!" spottete Thorilde.

„Ich weiß es," erwiederte jene mit unerschütterlichem

Gleichmuthe. „Du mußt lange schlafen; sonst gähnst Du
den ganzen Tag. Du lebst erst am Abend recht auf, Dir
ist Kerzenglanz lieber, wie Sonnenlicht, Dein Ohr muß
Menschenstimmen vernehmen und Worte, wo mir Töne
genügen. Du mußt in einer Kutsche fahren und Dich durch
einen Bedienten anmelden lassen; während ich mich am
liebsten meinen eigenen Füßen anvertraue und selbst mein
Bote bin. Die Mutter hat Dich darum auch stets mir
vorgezogen, weil Du so viel mehr Sinn für das conven-
tionelle Leben zeigtest."

„Du hast Dir wenig aus ihrer Zuneigung gemacht,
ihre Zufriedenheit war Deinem Glücke nie nothwendig;
wenn sie zürnte, sahst Du sie nur verwundert an, wo ich
weinte."

„Wahr!" warf Ellena zustimmend ein. „Ich begriff
eigentlich nie, was sie von mir wollte oder aus mir zu
machen bedacht war, und that ihr ihren Willen nur, weil
ich die Ueberzeugung hegte, daß sie es gut meinte. — Man
hatte dann wenigstens Ruhe, hörte keine Vorwürfe mehr!
Ich kann Dir aber gar nicht sagen, wie sehr ich mich
danach sehne, nicht länger einer solchen Aufsicht unterworfen zu sein! Unsere Wohnung ist eigentlich eine Art
Gefängniß."

„Wir können doch nicht auf offener Straße leben?
Junge Mädchen müssen einmal gehütet sein, weil ihr guter
Ruf ihr höchstes Gut ist."

„Siehst Du? Du behältst solche Phrasen vortrefflich.
Ich erinnere mich wohl sie auch gehört zu haben; allein —
es geht da hinein, und hier heraus." Sie deutete dabei
auf die kleinen schön geformten Ohren, welche das Haar
halb entblößt ließen.

„Das ist aber nicht gut," sagte Thorilde ermahnend.
„Du solltest Dir es merken. Man muß so etwas wissen."

„Nun willst auch Du noch die Gouvernante spielen?"
fragte Ellena mit demselben Gleichmuthe. „Dich kleidet
es nun erst gar nicht. Du bist so jung, so klein von Gestalt, selbst so wenig vernünftig."

„Wie? ich?" fragte Thorilde und wurde glühend roth.

„Ja, Du."

„Wie so?"

„Weil Du Dein eigenes Beste nicht willst."

„Wie will ich es nicht?" fragte jene betreten.

„Wie Figura zeigt," lachte Ellena auf. „Du willst
krank sein. Ist krank sein etwa ein Vergnügen? Ist es
ein Glück?"

„Gewiß nicht. Aber wie kann man es ändern?"

„Indem man nicht mit dem Kopfe durch die Wand
zu rennen versucht, wenn man das Zimmer verlassen will,
sondern sich nach einem Ausgange umsieht." Sie stand bei
diesen Worten auf und trällerte die Gnadenarie, dazu bald
an das Fenster tretend, bald auf- und abgehend. Thorilde

war jetzt angekleidet; allein die Jungfer fand immer noch
einen Vorwand, um zu verweilen. Indem rollte ein Wagen,
und zugleich erschien Frau von Gasmund, mit vom Weinen
gerötheten Augen, um Thorilde in den Salon zu führen,
wo der Geheimrath ihrer harrte.

„Ich darf wohl mit Judith ausgehen?" fragte
Ellena.

„Nicht jetzt, später," lautete die Erwiederung.

„Hm! sagte Ellena, und richtete ihr sammetgraues
Auge verlangend auf die Fenster. Allein sie beschied sich,
nahm ein Buch in die Hand, und setzte sich still in das
Wohnzimmer.

Thorilde begrüßte indessen den Arzt, welcher ihr stets
ein väterlicher Freund gewesen war, und jetzt mit Herzlichkeit ihre Hand nahm und nach ihrem Befinden fragte.
Seine Worte riefen die Tränen in ihre Augen. „Ruhig,
ruhig!" sagte er bittend und liebevoll; allein die hellen
Perlen liefen nur unaufhaltsamer bei seinen freundlichen
Worten. Väterlich zog er sie an seine Brust, streichelte ihr
glänzend schwarzes Haar und ließ sie so sich ausweinen.
Dann führte er sie nach dem Sopha und hieß sie sich an
seiner Seite niedersetzen. Frau von Gasmund blieb eine
stumme Zeugin dieser Scene. Kummervoll ihr Gesicht in
die Hände vergraben, ließ sie den Geheimrath gewähren.

„Freund meines Vaters!" rief Thorilde, so wie sie
der Sprache Herr ward, aus, und nahm die Rechte des

Geheimraths, um sie an ihre Lippen zu führen;" geben Sie
mir Wahrheit! Wer bin ich? Nie hat man mir meine
Mutter genannt? Wer war sie? —"

„Diese Frage wird unbeantwortet bleiben," erwiederte er ernst, jedoch mit Güte. „Es war der Wunsch
Ihres Vaters, daß man nie mit Ihnen über diesen Gegen-
stand sprechen solle. Ehren Sie seinen Willen! — Es
thut mir leid, daß ihre Gedanken auf diesen Punkt geleitet
sind, und wehe dem, welcher hierzu die Veranlassung
gab."

Thorilde erröthete bis unter die Stirne.

„Der es that, hatte ein Recht dazu," erwiederte sie
mit niedergeschlagenem Blicke. „Er mußte meine Verhältnisse kennen, um daraus den Muth zu schöpfen, sein
Schicksal an das meinige zu knüpfen."

„Welche Gründe er dazu haben mochte, eine Vergangenheit, die vergessen und begraben ist, lichten zu wollen,
so finden sich keine, die genügend sind, um Ihren Frieden
durch das, was er erfuhr, zu beeinträchtigen. Was diejenigen
Ihnen vorenthielten, welche wie eine sichtbare Vorsicht
über Ihrem Lebensmorgen wachten, mußte auch ihm ein
heiliges Geheimniß sein. Doch, was geschehen ist, so weit
es geschehen ist, ändern wir nicht mehr; — nur mit den
Folgen haben wir zu thun. Der junge Mann wird die
Früchte seiner unüberlegten Handlung, in gutem wie in
bösem Sinne, nicht reifen sehen. Er hat bei Ihrem Vor-

munde darauf angetragen, Sie sehen zu dürfen, um Ihnen
die Ursachen, welche ihn bewogen, auf Ihre Hand Verzicht
zu leisten. . . . ."

„Verzicht!" schrie Thorilde auf.

„Ja — Verzicht zu leisten," fuhr der Geheimrath
ruhig fort. „Er wird Ihnen diese Ursachen selbst mittheilen; ich will ihm darum in diesem Punkte nicht vor-
greifen, nur sagen muß ich Ihnen, daß es unter den obwaltenden Umständen sein eigener freier Wille war."

„Unmöglich!" sagte Thorilde erbleichend. „Unmöglich
kann und wird er, ohne gezwungen zu sein, mich aufgeben."

„Wer kann ihn zwingen?" gab der Geheimrath ruhig
zurück. „Kein Gesetz legt diese Macht in unsere Hand.
Sobald Sie mündig sind, können Sie über Ihr Schicksal entscheiden. Es bedurfte also nur weniger Jahre
Geduld."

„Die wird er haben und die werde ich haben,"
sagte sie gereizt.

„Ich zweifle daran nicht; denn ich kenne Ihren ehren-
haften Sinn, Sie würden ein gegebenes Versprechen halten; auch wenn manches dagegen spräche. Gottlob! sind
Sie auf diese Probe nicht gestellt." ·

„Doch will ich lieber darauf gestellt sein, als nicht."

„Auch das glaube ich Ihnen. Doch, wie die Sachen
stehen, meine liebe Thorilde, handelt es sich nur um ein

Lebewohl, — ein für Sie höchst schmerzliches Lebewohl
allerdings; allein, so bitter es zu sprechen für Sie sein mag,
so konnten wir es Ihnen, wie gesagt, nicht ersparen. Sie
müssen ihn sehen."

„Ich muß!" rief sie und ihre Brust ging hoch. „Ich
muß? Als ob ich es nicht auch wollte und gern wollte. Ich
werde ihm sagen, daß ich ihn nicht aufgebe, daß ich
nicht von ihm lasse, daß ich durch alle Zeit und Ewigkeit
ihm treu bleibe, daß n u r er allein der Wortbrüchige ist."

„Thu'n Sie das, sagen Sie ihm, was Ihr Herz
Sie zu sagen lehrt, weinen Sie sich vor ihm aus, sprechen
Sie sich vor ihm aus, gönnen Sie ihm diese Genug-
thuung, daß Sie noch an ihm hangen, obwohl er von
Ihnen läßt," sagte der Geheimrath milde; „wenn er die
Wunde, welche er Ihrer Eitelkeit schlägt, heilen kann, so
zeigen Sie ihm alle guten Gefühle Ihres Herzens und welchen Schatz an Liebe er bei Ihnen gefunden hätte. Sie
werden mit ihm allein sein und sich ungestört aussprechen
können."

„Was denken Sie von mir!" rief Thorilde empört.
„Als ob ich einem Manne, der mich aufgiebt, Geständ-
nisse meiner Neigung machen, oder ihn mit Gewalt zurück-
halten würde!"

„Beides werden Sie nicht thun; ich kenne Ihren
stolzen Sinn. Nur Ihrem Schmerze Worte leihen, das
wollen Sie."

„Meinem Schmerze Worte leihen?" fragte sie be-
stürzt zurück. „Will ich das, kann ich das, ohne mir eine
Blöße zu geben? — Warum kommt er eigentlich, wenn er
entschlossen ist mich aufzugeben?"

„Vermuthlich um Ihnen Lebewohl zu sagen. Seine
Gründe hat er uns nicht mitgetheilt."

„Aber ein solches Lebewohl ist ja eine Beleidigung!"
rief sie auffahrend. „Wenn ich es wäre, von der es aus-
ginge; aber er? Ich ertrage diese Kränkung nicht!"

Sie legte die kleinen Hände vor das Gesicht und
schluchzte convulsivisch. Der Arzt ließ sie einige Minuten
lang gewähren; dann begann er:

„Sie können dieser Zusammenkunft einen Zweck geben, der Ihres Herzens würdig ist. Fühlen Sie sich stark
genug, mich auf eine Stunde zu begleiten? — Frau von
Gasmund wird mir ihre Einwilligung, wenn ich sie bitte,
Sie mir so lange anzuvertrauen, nicht versagen. — Wir
werden unterwegs das Weitere besprechen."

Thorilde hatte das Gefühl ihrer Schwäche in der
Aufregung des Momentes abgeworfen. Sie ließ sich Mantel und Hut bringen, und bestieg erwartungsvoll den Wagen. „Was haben Sie mir noch zu sagen?" fragte sie hier
sogleich, und hielt, seiner Antwort zu lauschen, den Athem an.

„Für jetzt noch nichts," sagte der Geheimrath, ruhig
auf sie herabblickend. „Ich führe Sie an ein Krankenbett,
zu einer kleinen Familie, die meine innigste Theilnahme

fordert. Erst auf unserm Rückwege nehmen wir den Faden
unserer Unterhaltung wieder auf.—"

„Mir ahnt!" rief Thorilde und Purpurglut über-
goß die bleichen Wangen.

„Pst!" sagte der Arzt und legte bedeutsam den Finger auf den Mund.

Sie waren zur Stelle.

Rosine öffnete. „Wie geht es?" fragte der Geheimrath sogleich.

„Sie hat die ganze Nacht irre geredet!" rief die
Magd und führte die Schürze an die Augen. „Es ist ein
Jammer anzusehen, wie sie sich härmt. Immer ruft sie
nach ihm; und er kömmt nicht."

„Er wird schon kommen," sagte der Arzt und warf
einen bedeutungsvollen Blick auf Thorilde. Diese erbleichte
und zitterte. Er nahm ihre Hand und zog sie mit sich in
das Zimmer. „Fassung!" flüsterte er ihr zu. „Ich weiß,
was Sie zu leisten fähig sind."

Diese Worten stachelten ihren Ehrgeiz.

Im Wohnzimmer stand die Wiege des Kindes.
Louise Gerschel, die junge Näherin, saß davor und behü-
tete des Säuglings Schlummer, während sie den Knaben
auf ihren Knien hielt. Auf den Vorschlag des Fräulein Ledebuhr hatte sie die Pflege der Kranken übernommen und
theilte sich mit Rosinen in die Sorge für die kleine
Familie.

Der Geheimrath betrachtete die Gruppe einige Minuten lang. „Wie heißt der Knabe?" fragte er.

„Karl!" erwiederte Louise Gerschel.

„Und das Mädchen?"

„Agathe."

„Die Namen von Vater und Mutter," sagte er mit Betonung; „und doch sind die armen Kinder vaterlos, — wer weiß wie bald nun völlige Waisen. Für den Fall müssen wir hier ein gutes Werk thun, Thorilde."

Er sah sie dazu mit seinen guten Augen ernst fragend an. Sie weinte unter ihrem Taschentuche. —

Leisen Schrittes ging er nun auf die nur angelehnte Thüre des Nebengemaches zu; als er diese zurückschlug, gewahrte Thorilde vor sich das Lager der Kranken, die schwer athmend, die Röthe des Fiebers auf dem Gesichte, dalag. Der Arzt setzte sich zu ihr vor das Bett und winkte dem jungen Mädchen zurückzubleiben.

„Wie geht es Ihnen?" fragte er, die Hand der Patientin ergreifend. —

„Ich bin sehr krank," flüsterte diese. „Was wird aus meinen Kindern werden?"

„Denken wir daran jetzt nicht. Sie werden leben und lange leben. Eine junge gesunde Frau überwindet eine solche Krankheit; aber Sie müssen Ihr Gemüth ruhig halten, sich nicht aufregen."

„Wie kann ich das, lieber Geheimrath? Ich bin eine

große Sünderin; aber so Schweres habe ich nicht verdient."
Sie schluchzte.

„Still, still!" bat er und legte die Hand auf ihre
Stirne. „Es wird Alles noch gut werden; viel besser, wie
Sie es erwartet haben. Ihr guter Engel wacht über
Sie, er sieht Ihr Leid, er wird ein Mittel finden, Ihren
Gram zu lindern."

Dabei warf er Thorilden einen vielsagenden Blick zu.

„Mein guter Engel, sagen Sie? Ach! Der mußte
mich wohl verlassen, da ich mich selbst verließ."

„Ihre Reue, Ihr Schmerz führte ihn zu Ihnen zurück
Bei Gott ist Vergebung für Alles."

„Wie aber kann mir und meinen Kindern geholfen
werden." Sie schluchzte von Neuem.

„Er verläßt Sie nicht," sagte der Geheimrath bestimmt. „Werden Sie nur erst gesund, und ein neues Leben
soll für Sie beginnen. Es kann Alles noch gut werden."

Er ging zu seinen ärztlichen Anordnungen über und
verließ sie dann mit freundlichen Trostesworten. Thorilde folgte ihm tief erschüttert. „Nach dem Thiergarten,"
rief er dem Kutscher zu. — Als sie das Geräusch der
Straßen hinter sich hatten und in den Laubgängen des
Gehölzes der Friede der Natur sie umgab, nahm er Thorilden's Hand und sagte väterlich: —

„Ich wünsche, daß Sie die Wohlthäterin dieser armen
Verirrten werden, mein theures Kind! — Sie hat, um

das Glück zu finden, einen falschen Weg eingeschlagen, sie hat nur auf die Stimme ihres Herzens gehört. Das soll man nicht. — Es ist uns der Verstand dazu gegeben, um Begriffe von Recht und Unrecht in uns zu entwickeln, und die Vernunft, um zu sprechen: hier darfst Du Deiner Neigung nicht folgen. — Wir sind auch unseren Mitmenschen etwas schuldig; die Bibel sagt: Wehe dem, durch welchen Aergerniß kommt. Manches, das wir vor uns selbst, vor unserem Gewissen verantworten können, muß, des Beispieles wegen, unterbleiben. — Sie ist daher weniger schuldig, als unverständig zu nennen. Sie hat sich überreden lassen. Wenn ein Mann spricht, die Ehe sei das Grab der Liebe, so ist das eine von jenen Phrasen, womit junge Leute ihre Abneigung gegen die Institutionen der menschlichen Gesellschaft zu beschönigen suchen. Die Ehe ist ein schönes und heiliges Band. Die Freiheit des Willens besteht gerade darin, daß wir uns beschränken lernen, und auch, wo unsere Neigung für das Gegentheil spricht, das Rechte thun. Sich etwas zu versagen, weil wir damit eine Pflicht erfüllen, macht oft glücklicher, als es sich zu gewähren, denn wir kommen damit unserm sittlichen Ideale näher, und darin besteht das eigentliche Glück. — Es heißt daher von Ihnen nicht zu viel gefordert, meine liebe Tochter, wenn ich Sie bitte, dem Herrn Leopold an das Herz zu legen, der Frau Agathe Müller unverzüglich seine Hand zu reichen und deren Kinder seinen Namen tragen zu lassen. Er ist dies

nicht nur der unglücklichen Frau, sondern auch der bürgerlichen Gesellschaft, sich selbst und vor allen Dingen —
Ihnen schuldig."

„Mir!" fuhr Thorilde verwundert auf.

„Ja, Ihnen!" sagte der Arzt bestimmt. „Ihnen. Sie
haben ihm, jung und unerfahren, Ihre Neigung geschenkt, weil Sie ihn für einen nicht nur liebenswerthen,
sondern auch achtbaren Mann hielten; denn, nicht wahr, ein
Anderer hätte Ihnen nicht gefallen können?"

„Gewiß nicht," sagte sie stolz.

„Er muß nun darauf sehen, dies Bild in Ihnen zu
erhalten, er muß Ihnen die Erinnerung rein bewahren, es
würde Sie ja in Ihren eigenen Augen herabsetzen, die
Bewerbung eines Mannes geduldet zu haben, der Recht
und Gesetz mit Füßen trat, der, während er Ihnen sein
Herz antrug, nach einer andern Seite hin gebunden war;
er muß sich von diesen Flecken reinigen, um Sie vor dem
beschämenden Gefühle zu bewahren, einen Unwürdigen
geliebt zu haben. Er muß das."

„Aber" — unterbrach ihn Thorilde mit leiser, zitternder Stimme, „ist die Sache darum nicht doch so, wie
Sie sagen?"

„Sie war vielleicht so, meine arme Thorilde; aber
die Reue ist uns ja dazu gegeben, um damit die Flecken
aus unserer Seele zu waschen und schon morgen kann er
gereinigt vor Ihnen stehen; denn was gibt es Heiligeres,

Schöneres, als die Sühne? Selbst Gott nimmt diese an. —
Jene arme Kranke, die wir so eben verließen, hat seinetwegen mit der bürgerlichen Gesellschaft gebrochen, und
dadurch ihren Pfad mit Dornen besäet. Treten Sie nun
als Vermittlerin, als Versöhnerin auf, geben Sie ihr den
Frieden wieder. Erscheinen Sie vor ihm, wie sein besseres
Selbst! Bewahren Sie das Wort unseres großen Göthe:
Das ewig Weibliche zieht himmelan. Seien Sie die Füh-
rerin auf dem Wege zur Tugend."

„Wenn ich das könnte!" sagte sie zweifelnd. „Ich bin
so jung noch, mein lieber Geheimrath."

„Nicht die Jahre geben hier den Ausschlag, sondern
der Wille — — der sittliche Wille. Denken Sie an das
Krankenlager, an die armen, verlassenen Kinder, und —
sprechen Sie ihm aus, wie tief es Sie verletzt hat, daß er
über diese hinweg Ihnen seine Hand bieten konnte. Zeigen
Sie ihm die ganze sittliche Entrüstung Ihres schönen reinen Gemüthes, dem der Gedanke an ein solches Unrecht
bis dahin fremd war. Lassen Sie Ihr Gefühl sprechen; lassen Sie es aber in diesem Sinne sprechen!"

„Wenn ich den Muth dazu habe."

„Er kommt Ihnen mit der Ueberzeugung, das Rechte
zu thun. Sie selbst mögen ihn zu sich bescheiden, Sie selbst
diese Unterredung fordern, es mag Ihr Abschied sein, nicht
der seinige."

„Nicht der seinige?" wiederholte Thorilde, und richtete das schöne Köpfchen hoch empor. „Wenn dabei mein Stolz gewinnt, so blutet mein Herz nicht minder! Wie hat sich plötzlich mein Leben so ganz anders gestaltet, lieber Herr Geheimrath," setzte sie gedankenvoll hinzu. — „Wo mir sonst nur Freude lächelte, sehe ich jetzt nur Schmerz. Ich komme mir anders vor und die ganze Welt kommt mir anders vor."

„Es ist Ihre erste Enttäuschung, mein gutes Kind, allein in Ihrem Alter täuscht man sich noch oft."

„Ich, nie mehr!" sagte sie sehr ernst.

Sie bogen in die Potsdamer Straße ein und hielten vor dem Hause, wo Frau v. Gasmund wohnte. Diese sah ihrer Rückkehr erwartungsvoll entgegen; allein nur der Geheimrath trat in ihr Zimmer. „Ueberlassen Sie Thorilde jetzt sich selbst," sagte er. „Ihr Unglück macht sie mündig. Fragen Sie nicht nach ihr. Sie bedarf um mit sich selbst zu Rathe zu gehen, und klar über ihre Lage zu werden, der Einsamkeit. Am besten, Sie gehen mit Elena aus."

„Darf ich das wagen?" fragte Frau von Gasmund verwundert.

„Vertrauen setzt Vertrauen! Ich bitte Sie darum!" Sie durfte nicht verneinen.

7.

Vereitelte Rache.

Die von Thorilden dem Geheimrathe gegenüber bewiesene Fassung verließ sie, so wie sie sich allein sah. Sie warf Hut und Mantel von sich, begrub das Köpfchen in die weichen Sammetkissen des Sopha's, und weinte sich die Brust leicht. Allein der nagende Schmerz wollte sie damit nicht verlassen. Von Leopold scheiden, hieß auch von dem scheiden, was sie für ihr höchstes Glück anzusehen gelernt hatte: von seiner Liebe!

Sie rief sich den Zauber dieses Verhältnisses zurück, der allerdings zum großen Theile in seinem tiefen Geheimnisse beruht hatte; denn nie war es ihr vergönnt gewesen unbefangen mit ihm zu reden, oder eine Viertelstunde lang, ohne das Auge und Ohr ihrer Mutter scheuen zu dürfen, in seiner Nähe zu verweilen. Sein

erstes Geständniß war durch seine Blicke an sie gelangt.
Dieser stummen Sprache folgten dann halbe Worte,
denen kleine, zwischen den Notenblättern versteckte Brief-
chen zur Erläuterung dienten. Solcher geheimnißvolle,
stets vor einer Entdeckung zitternde Verkehr hatte,
so lange er gedauert, sie in einer fortwährenden Aufregung erhalten, so daß sie zu einem ruhigen Nachdenken über sich selbst, zu einem klaren Ueberblicke dieses
Verhältnisses nie gelangt war.

Man hatte ihr gestattet ihn jetzt zu sich bescheiden
zu dürfen, sie sollte ihn sehen und unbefangen, ohne
Zeugen, ihn sehen; mit einer Art Scheu ergriff sie die
Feder; denn diese plötzliche Selbstständigkeit erschreckte
sie fast.

Wie ihn anreden? — Karl? — Nein. — Mein
Herr? — Nein. — Schon hier erhob sich ein Streiten
der Gefühle mit dem bisher Gewohnten, und dem, was
die neue Lage von ihr zu fordern schien.

Durch die sich leise öffnende Thüre tönte dazwischen
die Stimme ihrer Mutter.

„Ich fahre mit Ellena ins Theater, mein Kind.
Warte nicht mit dem Thee auf uns. Ich lasse Johann
zu Deiner Verfügung zurück," setzte sie noch hinzu.

Bevor sie an eine Erwiederung gedacht, hatte die
Thüre sich geschlossen. — Wie? — Verstand sie denn
recht. Man überließ sie völlig ihrem eigenen Ermessen?

— Ein nie gekanntes Gefühl der Freiheit kam damit über sie; die Luft, welche sie athmete, schien ihr leichter, die Räume weiter, das Haus größer. Sie hätte durch alle Zimmer wandern, und sich in diesem neuen Lichte betrachten mögen! Auch der Garten lag luftiger und lachender vor ihren Augen da. —

Doch brachte diese Freiheit ihr auch ein Gewicht der Verantwortlichkeit, das sie zu rechtfertigen wünschte. Sie kam sich größer, älter, muthiger vor, maß wie eine Herrscherin das Zimmer mehrere Male mit festen Schritten, nahte dann mit entschlossener Miene dem Schreibtische, ergriff einen Streifen Papier und schrieb darauf: „Ich erwarte Sie!" schürzte das Blättchen in einen Knoten und trug Johann es sofort an seine Adresse zu überbringen auf.

So weit war sie mit sich zufrieden; wie nun aber, wenn er eintrat, wenn sein Auge sie traf, damit ein Schauer wunderbarer Empfindungen sie durchrieselte, wie sollte sie dann unter diesem Blicke ihrer Schüchternheit Herr werden, und ihm sagen: daß er schmählig mit ihrem Herzen gespielt habe!

Sie nahm ein Schwefelholz und zündete die großen Wachskerzen an, in ihrem Glanze trat sie vor den Spiegel, musterte ihre Kleidung, strich das dunkele Haar aus der Stirne, und erschrack fast vor ihrer geisterhaften Blässe. Wehmuth ergriff sie. Wie eine Oede lagen die kommenden Tage vor ihr, sie nahm eine Rose aus der Vase, und zupfte langsam die duftenden Blätter ab, bis nur der Stengel in ihrer Hand übrig blieb; es war ihr das Bild ihrer ersten Liebe. —

Johann hatte den Tonkünstler nicht in seiner Wohnung gefunden, von der Wirthin nach dem Café von Frangiapani gewiesen, suchte er ihn dort auf und übergab ihm das Billet. Sichtlich überrascht sah dieser sich von Thorilden mit den wenigen kalten Worten beschieden. Beleidigt riß er das Billet in viele kleine Stücke, und sagte dem Diener: er würde, sobald er die Zeitungen gelesen, kommen. Allein er las nicht weiter, sein Auge blieb von jetzt an auf einer Seite haften, seine Lippen kniffen sich ärgerlich zusammen, seine Eitelkeit sann auf Rache. Kaum eine Viertelstunde war vergangen, so hielt es ihn nicht mehr in diesem Raume, er stürmte hinaus, suchte unter den Linden eine Droschke aufzutreiben, und fuhr nach der Potsdamer Straße.

Unten auf dem Flur des Hauses traf er mit Johann, welcher ihm keinen weiteren Vorsprung abzugewinnen vermocht, zusammen. Dieser ging ihm nun leise voran, öffnete die Thüre des Salons und rief: „Herr Leopold!"

Thorilde erbebte. Wie ein schönes Marmorbild saß sie unbeweglich auf dem rothen Sammetsessel, und neigte in Erwiederung seines Grußes blos leicht das Haupt, während er mit der vertraulichen Unbefangenheit des Lehrers, als

wäre er, wie sonst, hier heimisch, einen Stuhl ergriff und
sich ihr gegenüber setzte.

Sie wagte das Auge nicht zu erheben, sie fürchtete
dem Strahle der seinigen zu begegnen; die Lider gesenkt,
so daß die langen Wimpern wie schwarze Schatten auf den
bleichen Wangen ruhten, beeilte sie sich ihm mit ihrer Anrede zuvorzukommen.

„Ich habe Sie zu sehen gewünscht," sagte sie mit
einer Stimme, deren Zittern sie durch den möglichst
leisen Ton zu hemmen suchte; — „um Ihnen eine Bitte
an das Herz zu legen."

„Eine Bitte?" fragte er verwundert.

„Eine Bitte!" wiederholte sie schon gefaßter, doch
immer noch ohne die Lider zu erheben. „Da unsere
Lebensbahnen auseinander gehen müssen, der thörichte
Traum, daß ich Ihnen etwas sei, ausgeträumt ist....."

„Thorilde!" wollte er sie unterbrechen.

„Lassen Sie mich ausreden!" sagte sie, die kleine
weiße Hand beschwichtigend erhebend, „so wollte ich Sie
bitten, jene arme Frau, welche der Kummer dem Tode
nahe gebracht hat, jetzt mit sich, mit der Welt, mit ihrem
Gotte zu versöhnen, und sie als rechtmäßige Gattin zur
Vorsteherin Ihres Hauses zu erheben."

„Wie? Was?" fragte der junge Mann verwundert.
„Von wem reden Sie?"

„Von Agathe Müller."

„Ach!" fuhr er auf. „Hat man mit dieser Ihr Herz vergiftet, mit dieser Ihre Neigung zu mir ertödten wollen?"

„Keins von Beiden!" sagte sie ruhig. „Ich sollte lernen, daß die Pflicht über der Liebe stehe, und ich habe das begriffen."

„Sie haben es!" rief er spöttisch. „Dann haben Sie mich auch nie geliebt — denn was die kalte Vernunft auch reden mag, ihre Mahnungen verhallen vor der Stimme des Herzens, das wahrer redet, wie alle gemachte Logik. Gott selbst hat die Liebe, wie das höchste Gesetz, uns gegeben."

„Die christliche Liebe," fiel Thorilde sanft ein. „Die Liebe, welche nie dem Anderen thut, was sie nicht wünscht, das ihr geschehe. Ich habe über das Schicksal von Agathe Müller nachgedacht, und wie ich an ihrer Stelle empfinden würde. Da scheint es mir denn, daß ich von demjenigen, welchen ich so sehr geliebt, um ohne seinen Namen zu tragen, die Mutter seiner Kinder zu sein, wohl erwarten würde, daß er solche Treue, solche Aufopferung mit etwas Anderem lohne, als mich um eines reichen Mädchens willen verlassen zu wollen."

„Es scheint, ich sollt von Ihnen eine Moralpredigt hören," sagte der junge Mann mit spöttischem Lächeln sich gegen sie verneigend.

„Dazu bin ich zu jung. Ich kann Ihnen nur sagen, was ich denke und empfinde, und daß ich schmerzlich durch die Entdeckung betrübt worden bin, daß mein Glück auf den Trümmern der Existenz einer armen Frau errichtet werden sollte, die so Schlimmes nicht von Ihnen verdient hatte." —

„Ich würde sie nie verlassen haben, ich hätte treu für sie, wie bis jetzt, gesorgt," fiel Leopold betheuernd ein. „Es würde ihr kein Unrecht damit geschehen sein. Und wäre ich von Ihnen geliebt worden, wie ich von Ihnen geliebt zu sein wähnte, Thorilde, so sollte auch jetzt, durch Agathe, unserem Glücke kein Hinderniß entgegentreten."

„Wie so?" fragte sie verwundert und hob zum ersten Male das Auge zu ihm empor. „Ich glaubte, daß Sie, weil ich kein reiches Mädchen bin, eingesehen hätten, dies Lebewohl würde das beste für uns sein."

„Ich, eingesehen? Da kennen Sie mich wenig. Ich sollte Ihrem Vormunde und Ihrer stolzen Mutter die Freude machen, Sie um jener paar Thaler willen aufzugeben?"

„So ist es nicht geschehen?" fragte sie erglühend.

„Es ist geschehen, aber nur zum Scheine geschehen; ich habe die Hälfte Ihres Vermögens sogar als Entschädigung für mein Verzichtleisten angenommen. Als ob mich das entschädigen könnte! Thorilde, sind Sie nicht mein, durch Zeit und Ewigkeit mein?" Und er sank vor ihr auf die Knie, zog ihre kleinen Hände an seine Lippen und bedeckte sie mit glühenden Küssen.

„Mein Gott!" stammelte sie, und ihre Farbe wechselte. „So haben sie die Meinigen getäuscht? — Wozu
aber getäuscht?"

„Weil wir des Geldes zu unserer Flucht bedürfen,
weil ich dieser Unterredung, um sie mit Ihnen zu ver-
abreden, bedurfte. Sehen Sie nun, wie sehr Sie sich in mir
geirrt haben?" — fügte er triumphirend hinzu. „Sehen
Sie es nun, wie ich Sie liebe, Thorilde?"

„Aber ich begreife es nicht! Ich fasse es nicht!" stammelte sie.

„Sollte ich Ihnen nicht zürnen, daß Sie so leicht
den Glauben an mich verlieren konnten?" fuhr er zärtlich
vorwurfsvoll fort. „Aber nein. Wir wollen diese schöne,
diese heilige Stunde nicht mit Vorwürfen vergeuden. Es
ist, seit wir uns kennen, unser erstes glückliches Beisammen-
sein, lassen Sie uns es feiern, lassen Sie diesen rosigen
Mund, den noch kein fremder Kuß entweiht hat, den
meinigen finden, und sich mir damit bräutlich verbinden.
Sie sind ja nun mein; bald ganz mein, Thorilde!"

„Und Agathe?" fragte sie, ihn mit beiden Händen
von sich wehrend.

„Nennen Sie diese nicht in der glücklichsten Stunde
unseres Lebens!" rief er und wollte sie glühend umfangen.

Sie sprang mit einem Satze auf und stieß den
Lehnsessel, der auf leichten Rollen ruhte, weit von sich.
Sie zitterte. Mit Anstrengung richtete sie sich empor.

„Und Agathe?" wiederholte sie athemlos.

„Agathe? Warum immer wieder Agathe?" fragte er ungeduldig, und trat ihr näher, ihre Hände aufs Neue zu fassen. „Wir setzen ihr einen Jahrgehalt aus, und reden dann nicht weiter von ihr."

„Wie?" fragte Thorilde, und sah ihn groß an. „Wir? Nein, an dieser That könnte ich mich nimmermehr betheiligen. Das Herz der armen Frau ist gebrochen; das heilt man nicht mit Thalern. Die Kinder stehen verwaist, von den Menschen verachtet, da; fern sei es von mir, eine solche Lage nicht zu bemitleiden. Nein, Herr Leopold! — Was ich auch gehofft, gewünscht; es ist vorbei: wir müssen unsere Liebe der Pflicht opfern, — dieser Pflicht, jener verlassenen Frau die Rechte zu gewähren, welche sie für sich mit ihren Kindern beanspruchen kann. Sie sind jetzt in der Lage es thun zu können, und ich bitte Sie, es nun auch sofort zu thun. Sie ist durch den Gedanken, daß Sie sie verlassen würden, dem Tode nahe gebracht; geben Sie ihr die Hoffnung zurück, und es wird rascher zu ihrer Genesung führen, wie Alles, was ihr die Hülfe des Arztes bieten kann. Eilen Sie stehenden Fußes zu ihr, um ihr zu sagen, daß — wir uns zum letzten Male gesehen haben."

Sie hatte diese lange Rede mit dem Aufbieten ihrer ganzen Kraft gehalten; erschüttert von ihren eigenen Worten sank sie jetzt weinend auf den Stuhl und vergrub ihr Gesicht in ihre Hände. Der Tonkünstler betrachtete die Scene nicht bewegt, sondern nur unmuthig. Er wandte sich auf dem Absatze herum, und stieß einen unverständlichen Laut, der fast wie „kindisch" klang, aus.

„Ihrer Jugend muß man Vieles verzeihen, Thorilde!" sagte er dann, sich wieder zu ihr wendend; „so auch diese sonderbare Zumuthung. Sie gefallen sich vielleicht in dieser Rolle, Ihr Ehrgeiz will die Edelmüthige spielen; allein Sie vergessen, daß Sie mit keinem gewöhnlichen Menschen zu thun haben, daß Sie mich in dieser Weise nicht beherrschen können, daß ich mir von Ihnen keine Ehe, die mir keine neuen Sensationen mehr bringen kann, werde einreden lassen. Wenn Göthe auch eine Vulpius in sein Haus führte, so ist das noch kein Beispiel zum Befolgen. Er war überdem, als es geschah, schon bejahrt, und der Krieg nahm ihm die Besonnenheit. In meinem Alter hätte er sich schwerlich dazu entschlossen. Wenn man von einer Frau, welche man unter solchen Verhältnissen an sich fesselt, auch jede Nachsicht fordern kann; so ist ihr Dasein doch eine widerliche Prosa für ein geniales Gemüth. Ich wenigstens könnte das nicht um mich dulden. Ich bitte Sie also nun meinerseits, von diesem Gedanken abzustehen. Dagegen frage ich Sie nun in allem Ernste: wollen Sie mit mir entfliehen, in Hamburg die Meinige werden? — Hier ist meine Hand; ich biete sie Ihnen noch einmal."

Ihr Gesicht ruhte noch in ihren Händen. Leopold

nahm ihr Schweigen für Unschlüssigkeit.' Sie sah in
dieser Stellung, die kleinen weißen Hände gegen das
dunkle Köpfchen gelehnt, so schön aus, daß aller Unmuth
über ihre letzten Worte vor ihrem Anblicke zerrann.
Sich auf ein Knie vor ihr niederlassend, wollte er ihre
feinen Finger sanft von ihrem Gesichte ablösen und in
ihre Augen blicken; da ließ sie sie plötzlich selbst fallen
und sah ihn mit einem so vorwurfsvollen Blicke an,
daß es von seiner Lippe das zuversichtliche Lächeln ver-
scheuchte.

„Ich mit Ihnen entfliehen?" sagte sie langsam,
und bewegte verneinend das bleiche Haupt. „Nein,
Ich entfliehe mit Niemand! — Aus dem Hause meiner Mutter geht mein Weg in das Haus des Gatten;
oder ich bleibe auf immer bei ihr. — Mein eigenes
Schicksal, wie das der armen Agathe belehrt mich, wie
wenig man den bloßen Versicherungen der Männer sein
Wohl anvertrauen dürfe. Gehen Sie, verlassen Sie
Agathe, so werde ich sie zu trösten suchen. — Ich hoffte,
indem ich von Ihnen scheide, wenigstens Ihr Andenken
heilig halten zu können; aber auch diesen Trost wollen
Sie mir rauben, — ich soll den Mann, — welchem
ich mein ganzes Leben zu widmen im Begriffe stand, —
nun auch noch v e r a c h t e n l e r n e n.

„Das sagen Sie mir?" rief er aufspringend, und
blickte mit flammenden Augen, als prüfe er, ob sie sich

wirklich ganz allein in seiner Nähe befinde, im Zimmer
umher. „Warum, wenn Sie eine so geringe Meinung
von mir hegen, sollte Ihre Ehre mir heilig sein? Warum? — Sie reifen nur, was Sie haben reifen wollen,
Sie spielten mit dem Feuer und — die Flamme erfaßt
Sie? —" Unter diesen Worten schritt er der Thür zu
und drehte den Schlüssel um.

Thorilde sah ihm erstaunt zu. „Was beginnen Sie?"
sagte sie tonlos.

„Es sind Vorbereitungen zu unserer Flucht!" sagte
er hämisch lachend. „Sie werden mir folgen, wohin
ich Sie zu führen so gütig sein will. Aus diesem hohen Tone sprechen Sie nicht mehr mit mir."

Sie wich entsetzt vor ihm zurück. Er folgte ihr.
— „Ich rufe um Hülfe!" sagte sie warnend.

„Nur um so größer das Aufsehen," entgegnete er.

„Aber was wollen Sie?" sagte sie immer geäng-
stigter, und wie die Taube vor dem Habichte sich hinter Vorhängen und Möbeln versteckend.

„Heiße Küsse!" gab er zurück.

Sie war bis an den Kamin gekommen, sich hier dicht
an die Wand drängend, gab diese plötzlich nach, und
sie entschwand durch eine Tapetenthüre. Er wollte ihr
folgen, er pochte, er rief; aber ein Riegel war vorge-
schoben und keine Antwort erfolgte. „Verwünscht!" rief
er; denn sein Spiel war ihm verloren. Es schlug neun,

mit jedem Augenblicke konnte Frau von Gasmund jetzt
aus dem Theater zurückkehren. Er entschloß sich endlich,
das Haus zu verlassen. Leise schlich er hinaus, von
Niemand gesehen. Thorilde lauschte; aber sie vernahm
seinen Schritt nicht. Aengstlich zusammengekauert verharrte sie in der kleinen Vorrathskammer, welche von
der andern Seite an die Küche stieß, bis sie die ihren
Namen rufende Stimme der sie in allen Zimmern su-
chenden Mutter vernahm. Durch deren Nähe beruhigt
kam sie aus ihrem Verstecke hervor, warf sich schluchzend
an ihre Brust und rief: „Mutter vergieb mir! Nie,
nie im Leben will ich meinem eigenen Rathe wieder vertrauen, nie ein Glück suchen, das Du nicht ge-
billigt hast."

Frau von Gasmund hielt sie lange innig umschlungen.
War ihr doch zu Muthe, als sei das theure Kind heute zum
zweiten Male an ihr Herz gelegt worden. Sie fragte
nicht, was sich zugetragen, sie wartete eine Mittheilung ab;
allein Thorilde hatte für das Vorgefallene keine Worte.
Still und in sich gekehrt saß sie da, und schien plötzlich um
Vieles gealtert. Ellena war sich auszukleiden in ihr Zimmer gegangen und verlangte dann ungeduldig nach Thee.
— Während sie mit gesundem Appetite das ihr Gereichte
zu sich nahm, glitt ihr Auge dann und wann, wie fragend,
von dem Gesichte der Schwester zu dem der Mutter hinüber; doch sprach sie dabei nur von der eben gehörten

Oper, und stand bald darauf auf, setzte sich an das Clavier und vertiefte sich in Wiederholung des Gehörten. Ein Geräusch unter dem Fenster ließ sie inne halten, sie stand auf und blickte in die kühle Mondnacht hinaus. Ihr Ohr traf ein sich entfernender Schritt; auf dem Mauersprunge lag ein Brief, sie ergriff ihn ohne Ueberraschung, ließ ihn in ihre Tasche gleiten, schloß das Fenster und setzte ihr Spiel fort.

„Ellena! Wie unvernünftig!" rief Frau von Gasmund aus dem Nebenzimmer. „Du hast Dich warm gesungen und athmest darauf die kalte Nachtluft ein."

„Ich will ja gern büßen, was ich verbrochen," sang diese im Recitativ sie an; „nur laß mich unvernünftig sein, Mama."

„Ja, wenn Du leiden könntest, ohne daß es mich mit träfe," sagte diese kopfschüttelnd.

„Selbstliebe wäre Deine Liebe dann! Ihr Götter! Schenket mir Freiheit zu handeln, Freiheit zu dulden; gebet mir mich selbst zurück. — Nicht Andere quäle fernerhin, was mich freuet; nicht Andere kümmere, was Ihr mir sendet! — Meine Schmerzen seien mein, wie es mein Glück mir werden soll," sang sie weiter.

Frau von Gasmund beachtete diese Worte nur halb; Thorilde dagegen, welche den nach Unabhängigkeit verlangenden Sinn ihrer Schwester kannte, verstand deren ernste Bedeutung und fühlte sich eigenthümlich dadurch

beunruhigt. Sie vergaß einen Augenblick ihres eigenen
Kummers, stand auf und trat in das anstoßende nicht be-
leuchtete Zimmer. Ellena saß mit dem Rücken ihr zuge-
wendet, sie schlug beide Arme um deren Nacken, küßte sie
warm und sagte: „Ich will Dich jetzt doppelt lieb haben;
Schwester!"

So weich, so innig hatte sich Thorilde noch nie an
sie geschmiegt; auch erwies sich Ellena sonst gewöhnlich bei
jedem Entgegenkommen, das sie mehr zu belästigen, wie
zu erfreuen schien, abwehrend, heute jedoch war sie in einer
ausnahmsweise hingebenden Stimmung; sie duldete daher
nicht nur die Zärtlichkeit der Schwester, sondern sie erwie=
derte sie auch; ja, sich zu ihr umwendend, faßte sie die
zarte Gestalt in ihre Arme, hob sie wie ein Kind empor
und trug sie nach dem Sofa, wo sie sie auf ihren Knieen
festhaltend, mit ihr Platz nahm. Stumm saßen sie hier
eine Minute, Thorildens Haupt an Ellena's Brust ruhend.
Beide weinten.

„Du liebst mich mehr, wie Du es mir je bis jetzt
gezeigt hast," nahm die Erstere endlich das Wort; „ich
sehe das heute ein, und will es Dir erwiedern. Du sollst
mein Trost sein, Du mir Ersatz bieten für Alles, für
Alles!"

Sie hätte gerne mehr gesagt, aber Frau von Gasmund
saß im Nebenzimmer.

„Ich kann Dir keinen Trost, ich kann Dir keinen Ersatz

bieten," erwiederte Ellena beinahe feierlich. „Jeder erntet,
wie er gesäet hat, Jeder ist seines Glückes Schmied; —
Du erhältst, was Du gewollt hast, ich werde erhalten, was
ich will; daß aber Andere nicht so sind, wie wir möchten,
daß sie wären, wen wollen wir darüber anklagen? den
Schöpfer, daß er uns Alle verschieden gemacht hat? —
Es ist eine große Ungerechtigkeit, eine fremde Individua-
lität beschränken zu wollen."

„Wenn es aber zu ihrem Besten geschieht?" sagte
Thorilde mit ihrer sanften Stimme, und streichelte dabei
die Wange der Schwester, in der Meinung, daß diese von
sich rede.

„Mein Bestes ist nicht Dein Bestes," sagte diese
warm. „Wir wollen Beide Verschiedenes, Du willst Ehre,
ich will Freiheit; ein Dritter macht wiederum andere Ansprüche, Du hättest Dich darüber nicht täuschen sollen, daß
diese Ansprüche den Deinigen zuwiderliefen, und darfst nun
eben so wenig grollen, seit Du erkannt, daß der Irrthum
auf Deiner Seite war. — Jeder hat ein Recht seiner Natur
zu folgen, seine Neigung durch kein fremdes Wollen beeinträchtigen zu lassen; das merke Dir, wenn die Stunde
schlägt, wo Du auch auf mich einen Stein werfen möchtest."

Sie setzte sie rasch auf die Erde und verließ trällernd
das Zimmer. Thorilde sah ihr erstaunt nach. Sie wußte
nicht anzugeben, aus welchem Grunde, aber ihr Instinct
sagte ihr, daß sie für Ellena zittern müsse. „Sie hat

etwas vor!" raunte eine leise Stimme ihr zu. „Aber was?"

Dem Was nachzudenken blieb ihr keine Zeit, Frau von Gasmund umgab sie mit der zärtlichsten Aufmerksamkeit, und dankbar für so viele Liebe, als Lohn der Sorge, welche sie ihr bereitet hatte, zeigte auch sie sich hingebender, wie es sonst in ihrer Natur lag.

Am folgenden Morgen beim Frühstücke wurden Reisepläne entworfen. Thorilde stimmte diesen bei, weil sie einsah, wie wohlthätig ihr in diesem Augenblicke eine Entfernung von Berlin sein müsse, wo jeder Tag ein Begegnen mit dem Tonkünstler herbeiführen konnte, das ihr höchst peinlich sein mußte. Frau von Gasmund schlug einen Aufenthalt in Wiesbaden vor, dem eine Reise durch die Schweiz folgen sollte. Ellena hatte stumm diesem Gespräche zugehört. „Du sehnst Dich ja nach Bergen," sagte endlich Thorilde, halb ungeduldig über der Schwester Theilnahmlosigkeit. „Nun wirst Du bald auf dem Rigi Dein Ave Maria anstimmen können."

„Ja," erwiedert jene, wie abwesend; „aber doch anders, wie Du es Dir vorstellst."

„Warum anders?" fragte Thorilde verwundert.

„Weil die Umstände immer Kreuz- und Querstriche durch die Rechenexempel der Menschen machen."

„Wenn das Facit nur gut ist, so lasse sie!" sagte

Thorilde, sie fragend ansehend. Ellena erwiederte diesen Blick groß und fest.

„Das Facit?“ gab sie fragend zurück. „Ja, das steht allerdings bei Gott!“ sagte sie mit eisiger Ruhe.

„Ihr stimmt jetzt unter Euch einen sonderbaren Ton der Unterhaltung an,“ warf Frau von Gasmund ein. „In Eurem Alter kümmert man sich gewöhnlich mehr um seine Ballkleider, als um das Schicksal, die Umstände und der Himmel weiß, was Alles. Mir wäre es auch lieber, wenn Ihr die Metaphysik ließet und an Euren Putz dächtet; darum will ich Euch die Jungfer senden, mit deren Hülfe Ihr einpacken könnt.“

„Schon heute?“ fragte Ellena gleichgiltig.

„Wir reisen wo möglich übermorgen,“ gab Frau von Gasmund zurück.

Nachdenklich trat Ellena hierauf an das Fenster, sah zum Himmel auf, und schien mit ihren Gedanken weit weg zu sein. „Meinst Du nicht, daß wir der Mutter nach Kräften beistehen sollten?“ fragte Thorilde sie.

„Du vielleicht; da sie Deinetwegen die Reise antritt,“ gab diese kalt zurück.

„Und was meinetwegen geschieht, läßt Dich gleichgültig?“ fragte diese mit liebevollem Vorwurfe.

„Warum mußte es Deinetwegen geschehen? — Nicht wenn Du meinen Rath gefordert, nicht wenn Du ihn befolgt hättest. — Was Du Dir eingebrockt, das soll ich nun büßen?"

„Du bist hart, Schwester!" versetzte Thorilde traurig.

Sie übernahm es, Ellena's Koffer mit zu packen und diese ließ sie ruhig gewähren, ohne nur einmal zu fragen, was man von Kleidern und Schmuck für sie ausgewählt habe. Ruhig, ja gleichgültig sah sie dem Schaffen der Uebrigen zu. Niemand tadelte sie darum; denn schon war man an ihr gewohnt, daß sie müssig ging, wenn Andere geschäftig waren.

Der Geheimrath Ledebuhr nahm von Thorilden einen besonderen Abschied. „Sie haben meine Erwartung gerechtfertigt," sagte er; „Sie sind standhaft gewesen; aber sagen Sie mir nun auch, ob Sie die moralische Ueberzeugung hegen, daß er Ihre Bitte erfüllen werde?"

„Ich hege sie nicht," erwiederte sie mit trauriger Bewegung des schönen Hauptes. „Ich habe keine Art von Zusage erhalten, Agathen bleibt keine Hoffnung."

„So will ich noch mit ihm reden," versetzte der Geheimrath bestimmt.

„Thun Sie es!" versetzte Thorilde. „Aber hoffen Sie wenig davon." Früh am folgenden Morgen brach

119

man auf. Ellena trug eine Reisetasche in der Hand, die sie selbst gepackt hatte. Sie betrachtete beim Scheiden das Haus mit großem fremden Blicke und schien noch theilnahmloser, als sonst, zu sein.

8

Sünde und Sühne.

Der Geheimrath Ledebuhr fuhr auf seiner Visiten-
runde sogleich bei dem jungen Tonkünstler Karl Leopold
vor, fand dessen Wohnung jedoch verschlossen. Er nahm
sich nun vor, ihn brieflich um eine Unterredung zu er-
suchen. „Abschlagen kann er mir diese nicht," bemerkte
er gegen seine Schwester. „Was denkst Du aber dabei
zu gewinnen?" fragte diese zurück. „Ihn zu überreden,
dasjenige aus Pflicht zu thun, was die Neigung ihm
nicht abgewonnen hat, wird Dir nimmermehr gelingen."

„Ich will mich an sein Herz wenden," erwiederte
der Geheimrath mild. „Ist die Leidenschaft entflohen,
so bleibt doch noch eine Zuneigung für Agathe, als
Mutter seiner und ihrer Kinder zurück und zu dem Vater
dieser kleinen Wesen will ich reden."

„Du vergißt, daß Du mit einem jungen und eitlen Künstler zu thun hast," sagte sie zweifelnd.

„Gut denn! Erweist er sich halsstarrig, so habe ich wenigstens das Meinige gethan;" erwiederte ihr Bruder verstimmt durch ihre Entgegnung. „Im äußersten Falle wird er sich doch wenigstens zu einer namhaften Summe für ihren Unterhalt verstehen müssen."

„Ich glaube nicht, daß sie diese, wenn er sie ver- läßt, annehmen wird!"

„Aber Zoe, wie kannst Du nur so reden! Soll denn die arme Frau noch Mangel leiden? — Hat sie nicht so schon des Kummers genug?"

„Sie leidet nur, was sie verdient hat!" versetzte diese scharf.

„Daß doch die Frauen auch so gar keine Nachsicht gegen einander hegen können," sagte er mißbilligend.

Der Brief des Geheimraths Ledebuhr wurde in der Wohnung des Tonkünstlers abgegeben, blieb aber an diesem, wie dem darauf folgenden Tage unbeantwortet.

„Siehst Du?" sagte die Schwester.

„So werde ich morgen früh, bevor er noch sein Bett verlassen hat, persönlich bei ihm eindringen," be- merkte dieser entschlossen.

Wirklich auch hatte er sich zu diesem gewiß nicht angenehmen Gange gerüstet, als der Postbote ihm einen Brief mit dem Stempel „Wiesbaden" überbrachte. Frau

von Gasmund war also glücklich dort eingetroffen. Mit
der Ueberzeugung, daß ihr Schreiben nur diese kurze
Mittheilung enthalten könne, brach er das Siegel auf
und warf einen flüchtigen Blick hinein. — Aber kaum
hatte er die ersten Zeilen gelesen, so setzte er den Stock
in die Ecke, nahm den Hut ab, und ließ sich in au-
genscheinlicher Erregung, um dem Inhalte seine ganze
Aufmerksamkeit zuzuwenden, am Fenster nieder. „Zoe!"
rief er dazwischen. „Zoe! Mein Gott! Zoe!"

„Was ist?" fragte diese, aus dem Nebenzimmer
tretend.

„Da lies!" sagte er, ihr den Brief zuwerfend:
„Ich muß ohne Weiteres zum Polizeipräsidenten fahren."
Damit eilte er aus dem Zimmer, die Treppe hinunter,
stieg in den bereits seiner harrenden Wagen und rollte
die Straße hinauf, bevor die Schwester ihre Brille fand,
um den Brief zu entziffern. Frau von Gasmund hatte
sich diesmal kürzer gefaßt, wie gewöhnlich. Sie schrieb:

„Mein theurer Geheimrath!

Man sagt, ein Unglück stelle sich nie allein ein,
und wenigstens an mir scheint sich dieser Ausspruch
zu bewähren. — Kaum der Sorge für meine geliebte, noch sehr traurige und bleiche Thorilde ent-
ledigt und Ellena versetzt meinem Herzen einen To-
desstoß. Wozu Sie noch lange vorbereiten, wenn das

Fürchterliche doch einmal gesagt sein muß: sie ist verschwunden! — Verschwunden? werden Sie fragen. In
die Erde sinkt man freilich nicht; wie ein körperloser
Schatten entzieht ein lebendes Wesen sich dem Auge
nicht; und dennoch kann ich ihre Nicht-Anwesenheit mit
keinem andern Worte bezeichnen. Ist es mir selbst doch
wie ein unglücklicher Traum! —

Ich bitte Sie, sogleich alle Schritte zu ihrem Auf-
finden zu thun. Auf der zweiten Station von Berlin
hat sie den Wagen verlassen, und was aus ihr geworden ist, fragen wir uns vergeblich. Immer noch
hofften wir, sie sei nur in ein unrechtes Coupé ge-
stiegen, allein als sie auch am Ziele unserer Reise sich
nicht fand, da stand die fürchterliche Wahrheit vor
mir. —

Daß sie die Absicht, uns zu verlassen, gehabt hat,
wird daraus klar, daß sie darauf gedrungen, den Ge-
päckschein in ihr Portemonnaie stecken zu wollen. —
Auch unsere Koffer glaubten wir nun durch sie verloren; allein spät Abends noch kamen sie, mit unserer Adresse versehen, hier an.

Thorilde ruft sich jetzt manche ihrer Aeuße-
rungen, welche auf den Plan, mich zu verlassen, hin-
deuten, zurück. Unseliges Vorhaben! Was wird mein
armer Schwager sagen! — Ein Mädchen so schön,
so begabt, und — so leichtsinnig! So wahr ist es,

daß die Sünden der Eltern sich an den Kindern heim=
suchen! Daß die Ehre nur durch einen alten Namen
und seine Tradition sich einpflanzt! — Was Sie auch
dagegen einwenden mögen, lieber Geheimrath, so ist
hier wieder ein schlagender Beweis dafür, daß im Blute
jener Stolz liegt, welcher das Ziemliche vor den Men=
schen zu thun antreibt; denn die Erziehung hat die
inwohnende Neigung zur Zügellosigkeit nicht hemmen
können. Sie kannte kein Gesetz, als ihr eigenes Wol=
len. Gott und die Welt waren ihr nichts, die Ehr=
furcht vor dem Hergebrachten fehlte ihr gänzlich. —
Hier nun das Resultat. —

Ich bitte Sie, mir umgehend zu schreiben, was
Sie denken, hoffen, fürchten! Wenn dieser Scandal
öffentlich wird, welchen Makel wirft er dann auch auf
meine arme Thorilde! Ich würde gleich nach Berlin
zurückkehren, wenn ich es ihretwegen dürfte.

Rathen Sie, helfen Sie, Ihrer tief betrübten

Thekla von Gasmund,
geb. von Itzenplitz.“

P. S.

Sie haben wohl die Güte, den Staatsanwalt
Möser sofort von dem Vorfalle in Kenntniß zu setzen
und ihm zu sagen: daß ich es seinem Ermessen über=

laffen muß, dem Vater des unglücklichen Mädchens Mittheilung von der Sache zu machen.

Ich hätte bald vergessen zu erwähnen daß wir in
der „Rose" abgestiegen sind."

— - —

Fräulein Ledebuhr hatte unter wiederholtem Kopf-
schütteln diese Epistel zu Ende gelesen. „Das weiß Gott!"
sagte sie verdrießlich. „Man kommt vor den Angelegenheiten dieser Familie zu keiner Ruhe. Wenn mein Bruder
nur aufhören könnte, sich für diese hochmüthige Frau zu
interessiren! Schon als Thekla von Itzenplitz war sie mir
unerträglich und meines Erachtens hat sie seitdem nicht an
Liebenswürdigkeit zugenommen; allein in seinen Augen
war und bleibt sie ein Engel."

Sie kleidete sich unter diesem Selbstgespräche an, um
ihren täglichen Morgenbesuch bei Agathe Müller abzu-
statten. Sie fand diese erschöpft, aber zum ersten Male fie-
berfrei. „Wie wird mein Bruder sich freuen?" sagte sie,
sich vor dem Bette niederlassend. „Er nimmt so großen
Antheil an Ihnen."

Die Kranke antwortete nicht; sie hielt die Lider
gesenkt, und die fast durchsichtig weiße Hand strich das
Betttuch glatt, als wären ihre Gedanken nur darauf gerichtet; doch indem schon rannen große, dicke Perlen die
bleichen Wangen herab. Fräulein Ledebuhr bemerkte

nun, daß ihre tiefe Bewegung sie nicht hatte reden lassen, und die Gefahr jeder Gemüthserschütterung kennend, nahm sie ihr feines Taschentuch, drückte es sanft auf die traurigen Augen und sagte beschwichtigend: „Bitte! Nicht weinen! Ihr Arzt hat das strenge verboten. Es würde ihn betrüben von Ihrem Ungehorsame zu hören.''

„Ich will ihn nicht betrüben!'' flüsterte die Kranke, sich mühsam fassend. „Er ist ein Engel der Güte für mich!'' Sie seufzte. Ihre Gedanken flogen zu dem Vater ihrer Kinder hinüber. Warum kam er nicht? — Wußte er nicht, daß sie krank sei? Sie hatte die Zahl der ihr im Fieber verstrichenen Tage nicht in ihrem Gedächtnisse, wie lange, wie kurze Zeit sie ihn nicht gesehen, konnte sie nicht angeben; vielleicht auch war er da gewesen.

Als Fräulein Ledebuhr sie verlassen hatte, bat sie Louise Gerschel, ihr Papier und Feder zu geben. Was diese auch entgegensetzen mochte, so sah sie wohl, daß ihre Weigerung die Kranke mehr noch aufrege, wie die Gewährung es zu thun vermöge und somit reichte sie ihr endlich das Verlangte hin. Mit zitternder Hand schrieb sie nun: „Karl, kannst Du mich sterben lassen ohne einen Blick der Liebe von Dir?''

Weiter reichten ihre Kräfte nicht. Die Adresse wäre in ihrer Handschrift unleserlich geworden, die Nähterin mußte sie für sie besorgen und darauf sogleich auch das wichtige Papier zur Post befördern.

„Wird er nun endlich kommen?" sprach es in ihrem Herzen. „Werde ich ihn nun wiedersehen?"

Aber die Stunden verrannen, und der Erwartete klopfte nicht an die Thüre der unglücklichen Frau, obwohl ihr Brief, wie sie rechnete, lange in seinen Händen sein mußte. Daß er von Berlin abwesend sein könne, nahm sie freilich nicht in Anschlag, denn er gehörte nicht zu denen, welche gern von Ort zu Ort fliegen.

Diesmal jedoch mußte ein besonderer Grund ihn bewogen haben, die Hauptstadt zu verlassen; denn auch der Geheimrath hatte mehrere Male schon im Laufe des Tages an seine Thüre geklopft und sie verschlossen gefunden, worauf er endlich bei den Mitbewohnern nachgefragt, ob Niemand Auskunft zu geben vermöge, wann der Künstler anzutreffen sei.

In einem Berliner Hause ist solche Nachfrage mit Schwierigkeiten verbunden. Die Zimmer Leopold's hatten einen besonderen Eingang; die Wirthin war nicht mit seiner Bedienung beauftragt, in einem Hintergebäude wohnte ein Ehepaar, welches gemeinsam sich darin theilte, und Beide waren während des Tages außerhalb beschäftigt; so kam der Abend heran, bevor der Geheimrath diese ermittelte. Allein die gehoffte Unterredung mit Leopold wurde durch den hier erhaltenen Bescheid nur noch weiter hinausgerückt. Es hieß: der

Herr habe sich schon seit drei Tagen nicht blicken lassen. Er trage den Schlüssel zu seinem Quartier bei sich;
ob er verreis't sei, von seinen Sachen etwas mitgenommen habe, könne man nicht sagen. Briefe seien, außer
einem Einzigen heute durch die Stadtpost eingelaufenen,
nicht für ihn da, und diesen würde die Musikalienhandlung von Meser, wie auch sonst schon, wenn Herr Leopold auf einer Kunstreise begriffen gewesen, befördern. —
Der Geheimrath entfernte sich unbefriedigt. Sollte
Herr Leopold so plötzlich eine Kunstreise angetreten haben? — Seit drei Tagen, hieß es, sei er verschwunden? Genau drei Tage aber waren es, seit man auch
Ellena vermißte. Obwohl es ihm nun nicht im Ent-
ferntesten einfiel, die Abwesenheit der beiden in irgend
einen Zusammenhang zu bringen, so blieb es doch eine
eigenthümliche Sache, daß sie gerade an demselben Tage
Berlin verlassen hatten. Immer mehr steigerte sich seine
Unruhe, wenn auch ohne nahe liegenden Grund.

Es war schon in der achten Stunde; die Musikalienhandlung von Meser sollte soeben geschlossen werden,
als er hier anlangte. Als Arzt an directe Wege und
Fragen, welche ihr Ziel im Auge hatten und eine bestimmte Erwiederung heischten, gewöhnt, dachte er auch
jetzt nicht im mindesten daran, die eigentliche Absicht
seines Kommens einzukleiden. Der Herr selbst hatte
schon das Geschäft verlassen und der Buchführer ver-

schloß so eben die Casse. „Können Sie mir wohl die
Adresse von dem Tonkünstler Leopold geben?" fragte er
ohne Umschweif. „Man sagt mir in seiner Wohnung,
daß Sie seine Briefe befördern, folglich von seinem
Aufenthalte unterrichtet sind."

„Wer kann sich herausnehmen das zu behaupten?"
erwiederte der Commis sehr kurz angebunden und wie
es schien, wenig geneigt, dem Fragenden weiter Rede
zu stehen.

„Ich bin dr Geheimrath Ledebuhr!" sagte dieser,
und sich etwas höher aufrichtend, maß er den Anderen
vom Kopfe bis zur Sohle, als wollte er fragen, was ihn
zu so unhöflichem Wesen berechtige.

Jener zuckte die Achseln mit echt Berliner Unver-
schämtheit.

„Es thut mir leid, Ihre Nachrichten darum nicht
glaubhafter nennen zu können," erwiederte er fast spottend. „Unser Geschäft ist ein zu coulantes, als daß uns
Zeit bliebe, die Correspondenzen unserer Kunden zu besorgen."

„So werde ich mich an den Herrn Principal wenden," versetzte der Geheimrath kalt.

„Ganz nach Belieben," erwiederte der Commis. „Augenblicklich befindet er sich jedoch im Theater."

Das ablehnende Betragen dieses Menschen weckte
in dem Geheimrathe den Argwohn, daß der Tonkünstler

aus seinem Aufenthalte ein Geheimniß machen wolle;
um so dringender wünschte er nun ihn zu erspähen. Er
traute ihm den Leichtsinn zu, die eben erhaltene große
Summe Geldes sofort zu verprassen; wollte er also für
seine Schutzbefohlene einen Gewinn davon ziehen, so
mußte er eilen. Aus diesem Grunde fuhr er denn auch
noch zu so später Abendstunde in die Privatwohnung
des Musikalienhändlers Meser.

Dieser empfing den berühmten Arzt mit gebühren-
der Hochachtung, wich aber dennoch einer directen Erwiederung auf seine Frage aus. „Ich kann es Ihnen
wirklich nicht sagen," versetzte er. „Wenn es sich aber
bei Ihrer Nachfrage um irgend eine Schuldforderung
handelt, so kann ich Sie in dem Punkte völlig beruhi-
gen. Herr Leopold ist nicht wegen Gläubiger verreist.
Er hat einen sehr schönen Flügel von Rosenkranz in seinem Zimmer, der, wie ich genau weiß, sein Eigenthum
ist. Durch diesen allein würde also sein Miethsherr und
Andere mit kleinen Forderungen sich decken können."

„Es handelt sich nicht um einen Schuldanspruch von
meiner Seite," unterbrach ihn der Geheimrath. „Es ist
überhaupt keine persönliche Angelegenheit, welche mich bewegt, Herrn Leopold sprechen zu wollen, sondern ein fremdes Schicksal, das mir diese Theilnahme abnöthigt. Ein
Arzt kommt, wie Sie wissen, mit vielen Leuten in Beziehung, und um eine Krankheit zu heben, bedarf es oft an-

derer Hülfe, als der Arzenei. Sie thun daher ein gutes
Werk, wenn Sie meinen Nachforschungen Vorschub leisten.“

„Ich würde Ihnen von Herzen gern dienen, allein
ich kann es in der That nicht,“ versetzte Herr Meser gutwillig. „Herr Leopold hat uns wirklich in Unwissenheit
über seinen Aufenthalt gelassen.“

„Wie können Sie denn aber die an ihn eingehenden
Briefe befördern?“ fragte der Geheimrath kopfschüttelnd.

„Diese gehen von hier auch nur an unser Haus in
Hamburg. Wir haben weiter keine Weisung, und weil
sie eben nur dahin gehen, so möchte ich fast vermuthen,
Herr Leopold habe irgend eine Absicht dabei, uns seinen
Aufenthalt verbergen zu wollen; zu welchem Zwecke aber,
das wüßte ich wirklich nicht zu sagen; denn wie schon er-
wähnt, wegen Schulden kann es nicht sein.“

„Nein, wegen Schulden kann es nicht sein,“ wiederholte bestätigend der Geheimrath; denn er wußte ja ganz
genau, daß kein Geldmangel den Künstler drückte.

„Ein Liebesabenteuer!“ — — warf der Musikalienhändler hin. „Man weiß ja, wie die Damen den jungen
Künstlern nachstellen. Wenn ich etwas vermuthe, so wäre
es eine Sache der Art.“

„Wirklich?“ sagte der Geheimrath kopfschüttelnd.
„Nun, wenn ich einen Sohn hätte, so sollte er denn ent-
schieden kein Tonkünstler werden; denn ich ziehe unter allen
Umständen den achtbaren Mann einem Talente vor.“

9*

Herr Meser zuckte lächelnd mit den Achseln.

„Jedenfalls kann ich wohl von Ihnen erwarten, daß Sie einen Brief von mir in der von Ihnen genannten indirecten Weise an den jungen Tonkünstler gelangen lassen werden?" fragte er.

„Zweifeln Sie daran nicht, Herr Geheimrath."

„Ich werde darauf bemerken: zu eiliger Beförderung; denn erreicht er sein Ziel zu spät, so ist auch sein Zweck verloren, und es handelt sich hier, wie gesagt, um das Schicksal einer sehr unglücklichen Frau, meiner Patientin."

„Werden Sie es zudringlich finden, wenn ich Sie um den Namen derselben bitte?" fragte der Musikalienhändler aufhorchend.

„Durchaus nicht! Wie ich vermuthe, ist ihre Lage kein Geheimniß. Frau Agathe Müller."

„Ich dachte es mir!" gab der Andere zurück. Da kann ich Ihnen vielleicht gleich eine kleine Beruhigung geben. Ich bin gewöhnt, dieser Frau jeden Ersten des Monates 50 Thaler verabfolgen zu lassen und auch ferner wird dies in gleicher Weise geschehen. Ist Herr Leopold gerade nicht bei Casse oder ist er abwesend, so schieße ich das Geld vor."

„Ganz gut! — Aber diese Zahlung beruht immer auf seinem guten Willen; ich möchte sie zu einer Verpflichtung machen."

„Das rathe ich Ihnen nicht," fiel jener bedenklich

133

ein. „Ich glaube nicht, daß er ihr jemals diese Summe vorenthalten wird, so lange sein guter Wille sie giebt; wollte man ihn aber binden, so würde er sich dagegen verwahren."

„Aber, mein Gott! Das ist ja ein Angstleben für die arme Frau!" rief der Geheimrath unwillig. „Sie wird ja ihres Lebens nicht froh, wenn sie von Monat zu Monat für ihre Existenz und die ihrer Kinder zittern muß. Ueberhaupt — wer mag denn Alles nur der Gnade verdanken? — Ein Recht, sein Recht behaupten, das allein läßt uns den Kopf über der Fluth emporhalten, und sie ist in ihrem guten Rechte."

„Menschlich, freilich! Allein gesetzlich, verzeihen Sie, Herr Geheimrath! käme ihr wohl wenig zu. Alle Lasten fallen da auf die Frau. Er könnte sich mit ein paar hundert Thalern von ihr loskaufen, und was hätte sie dann? — Ich rathe Ihnen wirklich, ihn nicht zu reizen."

„Ihn nicht zu reizen! Hölle und Teufel! Ich soll wohl noch mit einer Katzenpfote einen Menschen streicheln, der das Wort Pflicht nicht kennt? Wissen Sie was, Herr Meser? Nichts ist mir ein solcher Greuel, als diese Willkür im Handeln, welche den Begriff des Rechten ausschließt. Welche Begabung ein solches Wesen auch besitze; doch steht es dem Thiere zunächst; denn auf der Leiter der Creaturen ist es nur die moralische Verbindlichkeit, welche die zu erklimmende Sprosse bestimmt. Nein, ich werde ihn nicht schonen, ich werde ihm, als ob ich sein Beicht-

vater wäre, ins Gewissen reden, von mir wenigstens
soll er einmal hören, was Wahrheit ist; und rühre
ich ihn damit nicht, bleibt er dabei, wie ein Kater
auf den Dächern umherspazieren zu wollen, um nach
hübschen Katzen zu spähen; nun, so giebt es ja noch
gute Menschen in der Welt, die keine zu strenge Richter sind und sich der armen Müller annehmen werden."

Er nahm Hut und Stock.

„Herr Geheimrath!" sagte der Musikalienhändler,
„wenn Frau Agathe Müller während ihrer Krankheit
eines Vorschusses bedarf, so soll sie mir nur die Quit-
tung für die gewünschte Summe einsenden."

Der Arzt reichte ihm die Hand. „Das ist brav
von Ihnen, Herr Meser! Es freut mich, Sie kennen
gelernt zu haben," sagte er sichtlich erfreut.

„Und wenn ich sonst helfen kann...."

„Ich danke Ihnen. Sie sollen nicht übergangen
werden, wo es gilt," fiel ihm der Andere in das Wort.

Sie schieden wie Freunde.

Fräulein Ledebuhr war verwundert, ihren Bruder
so spät heimkehren zu sehen. Auch jetzt stand er ihr
noch nicht Rede. Ohne Verzug eilte er an seinen
Schreibtisch, um an Leopold und auch an den Staatsanwalt zu schreiben; dann erst konnte ihre Neugierde
die gewünschte Befriedigung erhalten. Von der Polizei
waren sofort die geeigneten Schritte gethan, man hatte

telegraphirt und mehrere Diener ausgesandt, um die Spur der Vermißten zu verfolgen. In der Frühe des nächsten Morgens wollte der Staatsanwalt selbst aufbrechen, um sein Mündel zu suchen, und da dieser den Gedanken nicht los werden konnte, der Tonkünstler Leopold sei in irgend einer Weise an ihrer Flucht betheiligt, so hatte er ihm versprochen, was er über dessen Aufenthalt erfahren könne, ihm noch diesen Abend mitzutheilen. So spät es also auch war, so mußte der Brief des Geheimraths noch in dessen Wohnung getragen werden. „Es wird Ihnen wenig nützen zu wissen, daß eine Musikalienhandlung in Hamburg Leopold's Briefe befördert; allein es ist Alles, was ich habe in Erfahrung bringen können," schrieb er an den Staatsanwalt. Dieser aber betrachtete die Nachricht als durchaus nicht unwichtig.

9.

Eine Badebekanntschaft.

Viele unserer Leser werden gewiß das kleine Städt-
chen Wiesbaden kennen, und Andere sich aus Beschreibun-
gen ein Bild von seiner Lieblichkeit entworfen haben; denn
unter den Bädern Deutschlands nimmt es seit lange einen
verdient bevorzugten Platz ein. Was aber mehr noch als die
warmen Quellen, mehr noch als Luft, Wasser und Gegend,
den großen Strom von Menschen dahin lockt, ist leider
die Spielbank mit ihrem verführerischen, aufregenden
Reize.

Dieses Institut, welches so manches Familienglück
zerstört, so manches Wohlleben in Elend verkehrt hat;
mußte zugleich mit seinem Erwerbe ein irdisches Paradies
schlaffen, dessen Reize, Vortheile, Annehmlichkeiten jede
Mahnung an das Gewissen, seinem verderblichen Walten

ein Ziel zu ſetzen, beſchwichtigte. Verſchönerungen, welche
der Herzog von Naſſau nie hätte in das Leben treten laſſen,
unternahm das Directorium dieſer verpönten Anſtalt. Das
Spielhaus mit ſeinen herrlichen Sälen gehört jedem Fremden wie ein eigenes Haus an; hoch vom Söller herab be-
grüßt ein Muſikchor das Ohr, man lauſcht den Tönen,
während das Auge träumeriſch dem Steigen und Fallen einer mächtigen Waſſerkunſt zuſchaut, deren weites Becken,
auf deſſen Waſſerſpiegel weiße und ſchwarze Schwäne
ſtolz ſich wiegen, ein Blüthenkranz duftender Stauden
aller Zonen einfaßt.

Es war Sonntag, das ſchöne Wetter hatte die Be-
völkerung aller Nachbarſtädte hergelockt; am Ufer war das
Gedränge ſo groß, daß wirklich kein Apfel zur Erde fallen
konnte.

In der Gegend, wo Frau von Gasmund wohnte, bemerkte man jedoch nichts von dieſem Treiben und Wogen.
Das Gaſthaus „zur Roſe“ ſtand an dem kleinen Dreiecke, auf
welchem die Göttin Hygiena ein Standbild erhalten hat;
nur wenige Perſonen kamen dieſes Weges. An den umlie-
genden Badehäuſern, dem „Spiegel,“ dem „Engel,“ dem
„Britiſchen Hof,“ waren die grünen Jalouſien herabge-
laſſen; die tiefſte Stille herrſchte.

Thorilde ſaß am Fenſter des halbdunkeln Zimmers,
und blickte, den Kopf geſtützt, durch die Spalten der grünen Fenſterläden auf die Straße. Frau von Gasmund

warf dann und wann von ihrer Stickerei einen sorgenden Blick zu ihr hinüber. „Sie ist bekümmert," dachte sie, aber sie wußte nicht, ob die Gedanken des schweigsamen Mädchens der Schwester nacheilten, oder einem noch schlimmeren Gegenstande folgten.

Zu ihrer eigenen Beruhigung ließ sie das Erstere gelten. —

„Es ist nicht comme il faut heute am Kurhause zu erscheinen," nahm sie endlich, um das Schweigen zu brechen, das Wort. „Es wimmelt dort Sonntags von Juden, von Volk aller Art. Man weiß nicht, mit wem man zusammentreffen kann. Ich denke, wir fahren nach Bieberich und nehmen die wunderschönen Treibhäuser des Herzogs in Augenschein. Ist Dir das angenehm?"

Thorilde nickte.

„Willst Du Dich dann lieber jetzt ankleiden, mein Kind? Der Zug geht um zwei Uhr. Wir speisen um Eins, können daher nur gerade den Bahnhof erreichen."

„Welches Kleid soll ich anziehen?"

„Ich dächte rosa Mousseline? — Es ist ja eine Landpartie. Die Herzogin ist in Dessau, vom Hofe werden wir Niemand begegnen. Mir ist das eigentlich unangenehm: ich hätte Dich gerade jetzt gern vorstellen lassen."

„Gerade jetzt?" fragte Thorilde zurück. „Scheint Dir der Augenblick gut gewählt zu sein?"

„Wir müssen in unserer Lage doppelt zu unserer

Gesellschaft halten. Glaube mir das, mein Kind! Ich verstehe mich auf die Welt, in der wir leben. Halten wir
uns mitten in ihrem Strome, so gleitet Alles von uns ab."

Thorilde sah sie halb ungläubig an; erwiederte aber
nichts. Eine Art Apathie hatte sich ihrer bemächtigt. Die
Ereignisse der letzten Wochen waren zu plötzlich über sie
gekommen, als daß sie das Gleichgewicht hatte augenblicklich wieder gewinnen können. Ihr war immer noch zu
Muthe, als ob der Boden unter ihren Füßen wanke, und
die Sicherheit im Leben von ihr gewichen sei. Um so wil-
liger ließ sie sich von Frau von Gasmund leiten, und gab
ihr Thun und Lassen gänzlich in deren Hand.

Sie speisten in ihrem Zimmer. Frau von Gasmund
las, während des Essens, in den Badelisten, um nachzusehen, ob Jemand von ihrer Bekanntschaft angekommen
sei. „Der Herr von Rheinfeld!" rief sie aus. „Ich möchte
wissen, ob es der Vater, oder der Sohn ist. Ersterer war
mein Cotillon-Tänzer. — Wie die Jahre schwinden! Ja, ja.
Er kann freilich schon einen Sohn haben, der hier selbstständig auftritt."

Thorilde drückte indessen das kleine runde Strohhüt-
chen mit einem Bouquet von Feldblumen über der Stirne,
auf die reichen schwarzen Flechten, und warf ein weißes
Spitzentuch über die Schultern. Was sie auch anzog, so
stand es ihr; allein diese leichte, luftige Kleidung ließ ihr
doch besonders gut, und Frau von Gasmund konnte nicht

umhin, sie mit Wohlgefallen zu betrachten, während sie an
den sich demüthig verneigenden Kellnern vorüber die Stu-
fen hinunter ging, neben dem Wagen stehen blieb, und sie
voraus einsteigen ließ.

Das Mädchen sah nicht nur reizend aus; sondern
besaß, was viel wichtiger ist, eine gewinnende Grazie, und
etwas sehr Distinguirtes. Auf das letztere legte Frau von
Gasmund ein besonders großes Gewicht; denn ihrer
Meinung nach war Schönheit von geringem Werthe, im
Vergleiche zu dem Aussehen einer Dame, zu jenem vornehmen Etwas, das die ganze Gestalt adelt. Sie hielt
dafür, daß dies vornehme Etwas im Blute liege, daß es
ererbt werde, mit einem alten Namen zusammenhänge;
doch ist dies vornehme Etwas wohl nicht immer traditionell, es kommt vielleicht öfter noch direct, als Gottesgabe, und deutet darauf hin, daß die Natur an dem
ewigen Webstuhle der Zeit bisweilen gern mit neuen
Fäden fortarbeitet, und auch für sich eine Aristokratie
schafft.

Die Treibhäuser des Herzogs von Nassau gehören
zu den schönsten in ganz Europa. Durch dicke Laubgänge
von Camelien windet man seinen Weg fort und fort, und
glaubt immer schon das Schönste gesehen zu haben, wenn
noch Schöneres sich aus der Ferne dem Auge bietet; dabei ist
der Pfad so schmal, daß man nur einzeln gehen kann, und
die Crinoline, um nicht damit anzustoßen, zusammenfalten

möchte. Thorilde ging Frau von Gasmund vorauf und
konnte, wenn sie nicht zurücksprechen wollte, erst am Ziele
ihrer Bewunderung Luft machen.

Die Sonne hatte sich indessen schon dem Horizonte
zugeneigt, und erlaubte ihnen am Ufer des Rheines in einer
offenen Laube den Kaffee einzunehmen. Vor ihnen lagen
die Thürme von Mainz, als ständen sie mitten auf einer
Insel des Rheines, Dampfschiffe zogen vorüber, aufwärts,
abwärts, Fremde kamen und gingen, dem Stillleben des
Ländlichen der Scene gesellte sich die Bewegung des
Verkehres zu, und ließ dem Auge keine Ruhe, den Gedanken keine Muße.

Neben ihnen an verschiedenen Tischen hatten noch andere Gäste Platz genommen. Eine Gruppe von Herren flüsterte mit einander, während sie durch die Lorgnette Thorilde betrachteten. Frau von Gasmund wandte ihren
Sonnenschirm nach der Seite hin und versteckte ihnen
damit das Köpfchen ihres schönen Töchterchens, dem das
Eine, wie das Andere entging; denn ihr Auge suchte heute
nur den Rhein, sah nur den Rhein. In jedem deutschen
Herzen lebt traditionell schon eine Vorliebe für diesen
schönen Fluß; die Poesie seiner alten Ruinen, seine Mär-
chen und Sagen prägen sich dem Gemüthe so tief ein, daß
selbst ein nüchterner Blick diesen Ufern einen Reiz andichtet;
wie viel mehr also ein solcher, dem die Phantasie noch einen
zweiten Spiegel leiht. Sie hatte die Pilgrims on the

Rhine von Bulwer gelesen, kannte sogar das Gedicht der Nibelungen, und indem sie aufschaute, standen vor ihren Augen diese Gestalten. Sie antwortete daher einsilbig auf ihrer Mutter Bemerkungen, weil diese sie störten; so zog jene denn endlich eine kleine Handarbeit hervor. Dann, als der Sonne Strahlen sich golden in den Rhein senkten, brachen sie, um mit dem letzten Zuge nach Wiesbaden zurückzukehren, auf.

„Das war ein schöner Tag!" sagte Thorilde, sich an den Arm der Mutter hängend.

„So bist Du wirklich vergnügt gewesen, mein Kind?" erwiederte diese mit zärtlichem Blicke, und wandte das Auge zum Himmel, ihm dankend, daß es ihr gelungen, ihrem Lieblinge heitere Stunden zu bereiten.

Als sie einstiegen, bemerkte sie die nämlichen Herren, welche ihr am Ufer des Rheines schon lästig geworden waren. „Ein Damen-Coupé!" heischte sie dem Schaffner zu; allein die Nichtraucher durften auch in diesem einen Platz suchen und wie es schien, waren jene gerade Nichtraucher; denn sie wählten denselben Wagen.

Mutter und Tochter saßen sich gegenüber vor dem hinuntergelassenen Fenster, und blickten, ohne zu sprechen, auf die Gegend. Die kurze Fahrt war bald zurückgelegt; man stieg an jener Seite, wo die Herren Platz genommen hatten, aus; der eine von ihnen, welcher die Uniform eines preußischen Lieutenants trug, blieb vor der geöffneten Thüre

stehen, und bot den Damen die Hand. Die Aufmerksamkeit war nicht zurückzuweisen. Frau von Gasmund nickte
ihm mit kalter Höflichkeit ihren Dank zu, er legte die Finger an den Czako und verschwand. Durch die schon in
halbe Dämmerung gehüllte Straße schritten nun Mutter
und Tochter der „Rose" zu.

Johann stand an der Thüre, seiner Gebieterin harrend,
und hielt in seiner Hand einen Brief, der sogleich die Aufmerksamkeit der Frau von Gasmund auf sich zog. Schon
indem sie die Treppe hinauf stieg, erkannte sie an der
Adresse die Handschrift des Staatsanwaltes, und eilte gespannt in ihr Zimmer, den Inhalt ohne Zeugen zu entziffern. Er schrieb:

„Gnädige Frau!

Ich beeile mich Ihnen das Resultat meiner Bemühungen mitzutheilen; muß aber zugleich bevorworten,
daß es zu meinem Bedauern kein befriedigendes ist.
Der Geheimrath Ledebuhr wird Ihnen meine Reise
nach Hamburg gemeldet haben. So wenig er auch in
dem Punkte mit mir einverstanden war, so konnte ich
mich von dem Argwohne nicht frei machen, das Ver-
schwinden des Herrn Leopold mit dem Fräulein Ellena's in einen Zusammenhang zu bringen, und ich
hoffte, wenn ich nur erst in Erfahrung gebracht hätte,
wo sich der junge Mann aufhalte, würde die Spur der

jungen Dame nicht schwer zu finden sein. Leider aber
mußte ich in Verfolgung dieses Zweckes auf nicht von
mir geahnte Schwierigkeiten stoßen, die für den Augenblick noch alle meine Bemühungen so gut wie fruchtlos
erscheinen lassen. Die Musikalienhandlung von Berthold,
welche die Briefe des Herrn Leopold entgegennimmt
und weiter befördert, ist nämlich nicht genauer von des
Tonkünstlers Aufenthalte oder Reiseplänen unterrichtet,
wie es die von Meser & Co. in Berlin war. Bei meiner
Ankunft hier wußten sie sogar noch nicht, was sie mit
diesen Briefen beginnen sollten und glaubten, daß der
Inhaber erscheinen würde, um dieselben abzuholen,
Diese Hoffnung hegte auch ich, und unter dem Vor-
wande, daß ich den Herrn nothwendig zu sprechen wünsche, verweilte ich deshalb den ganzen Tag in dem
Laden; obwohl mir der Boden unter den Füßen
brannte. Es wurde Abend, ohne daß er von sich hören ließ. Unschlüssig ob ich den folgenden Tag in gleicher Weise seiner harren, oder ihn anderwärts aufsuchen sollte, legte ich mich zu Bett. Da klopfte es noch
spät an meine Thüre, und ein Commis des Herrn
Berthold erschien mit einem Briefe, der meiner Ungewißheit ein Ende machte. Er schrieb mir: es sei nicht
durch die Post, sondern durch den Commissionair eines
Hotels — ein Billet von Herr Leopold eingelaufen,
worin dieser ihn ersuche, alle für ihn eingesandten Briefe

an Cramer & Beal, Musikalienhändler, Regents Street,
London, zu befördern. Ich eilte nun in der Frühe sogleich
zu Herrn Berthold, um zu erfragen, welchem Hotel jener Commissionair angehört habe. Man wußte mir das
aber leider nicht zu sagen. Ebenso wenig hatte man sich
erkundigt, ob Herr Leopold seinem Boten das Billet ei-
genhändig übergeben, oder wer ihn mit dessen Ueber-
bringung beauftragt habe. Doch glaubte der Commis,
welcher ihn in Empfang genommen, den Menschen wieder erkennen zu können; ich bat also Herrn Berthold,
ihm zu gestatten, mich auf einige Stunden begleiten zu
dürfen, nahm einen Wagen und fuhr von Hotel zu Hotel. Allein nun stellte sich eine zweite Schwierigkeit heraus; manche Commissionaire waren mit Herrschaften
zur Besichtigung der Stadt und des Hafens fortgegan-
gen, und ihre Rückkehr zu erwarten fiel mir unmöglich.
Man rieth mir die Fremdenbücher durchzulesen. Allein
wer stand mir dafür, daß der Gesuchte seinen eigenen
Namen eingetragen habe? — Statt also meine Zeit
damit zu verlieren, zog ich vor, nach dem Hafen zu eilen, um die nach England abgehenden Dampfschiffe zu
notiren. Der „Neptun" lag gerade auf der Rhede; weiße
Wolken schossen aus seinem mächtigen Schornsteine empor, ein Boot stieß so eben vom Ufer ab, um die Post-
sendung an Bord zu bringen. „Halt!" rief ich diesem nach. „Nehmen Sie mich mit!" Aber sie achteten

meines Rufes nicht, — denn Passagiere zu befördern
gehörte nicht zu ihren Geschäften, dazu waren die
Jollenführer vorhanden; auch erboten sich sogleich mehrere, mich hinüberzufahren. Ich sprang in das erste sich
bereit findende Fahrzeug, und versprach dem Manne
einen doppelten Lohn, wenn wir das Schiff noch erreichten. Er that darauf sein Mögliches; allein wir wurden bald hier, bald dort aufgehalten, und als wir dem
„Neptun" etwa bis auf fünfzig Schritte nahe kamen,
kehrte das Post-Boot zurück, und die Räder begannen
ihren Umschwung. Man würde mich allenfalls noch an
Bord genommen haben, allein dann hätte ich mit nach
London gehen müssen. Das wäre ein Wagstück gewesen, welches zu unternehmen kein hinreichender
Grund sich vorfand; denn wer garantirte mir, daß
die Flüchtigen auf diesem Schiffe sich befänden, oder
auch überhaupt schon abgereist seien? — Sie in
London suchen zu wollen, ohne die positive Gewiß-
heit ihrer dortigen Anwesenheit zu haben, wäre
eine Thorheit gewesen, der ich mich um so weniger
schuldig machen konnte, da ohnehin meine Anwesenheit in Berlin gefordert wurde. Höchst mißvergnügt,
eine Inspection der Passagiere des „Neptun" miß-
lungen zu sehen, kehrte ich zurück. Indessen ein Advocat darf sich nicht durch Vermuthungen leiten
lassen, sein Weg geht über Thatsachen und moti-

virte Gründe, und somit habe ich mir denn auch keinen Vorwurf zu machen.

Die Zeit bis zum Abgange eines anderen Schif-
fes benutzte ich hierauf zu Nachfragen in den ersten
Wirthshäusern der Stadt. In „Streits Hotel" am
Jungfernstieg erfuhr ich: daß mit dem „Neptun"
eine Sängerin und Gemahl nach London gegangen.
Die Sängerin ließ mich auf Ellena rathen. Ich fragte
nach dem Namen. Diesen wußte der Kellner jedoch
nicht; er sei so ausländisch gewesen, daß er ihn
nicht habe behalten können, sagte er. In das Frem-
denbuch hatten sie sich einzutragen geweigert. Ich
ließ mir das Aeußere der Dame beschreiben. Die
Farbe der Haare war die Ellena's; als ich ihren
Namen nannte, meinte der Kellner, diesen von dem
Herrn gehört zu haben. Allein er konnte sich das auch
nur einbilden.

Was nun weiter in dieser Sache geschehen
soll, muß ich Ihrer Verfügung anheimstellen. Sie
in London zu ermitteln, bietet große Schwierigkeiten. In der ungeheuren großen Stadt bekümmert
sich die Polizei nicht um die Fremden; schon das
Paar aufzufinden würde schwer halten, schwerer aber
noch würde es sein, in das Geheimniß ihrer Beziehung zu einander einzudringen. Ich selbst kann, wie
gesagt, es nicht unternehmen, meines Mündel Spur

zu folgen. Wenn Sie aber die Kosten nicht scheuen wollen, so werde ich Jemand, der dem Unternehmen gewachsen ist, zu finden suchen. Ich erwarte hierüber Ihre Befehle. Wollen Sie an Ellena schreiben, so könnten wir den Brief an Cramer & Beal adressiren."

Frau von Gasmund las diesen Brief in wachsender Aufregung und ging ihn, als sie damit zu Ende gekommen war, noch einmal wieder durch. Ihre Haare sträubten sich, alle ihre Pulse jagten. „Unglückliches Kind!" rief sie wiederholt aus. „Wie Dich retten?"

Sie überlegte, ob sie nicht selbst nach England gehen solle? Allein sie verstand weder die Sprache, noch wußte sie Mittel und Wege, um dort ihr nachzuspüren; so konnte ihr guter Wille kaum auf Erfolg rechnen. Sie war rathlos, — trostlos.

Daß dieser Leopold Ellena verlassen würde, wie er Agathe Müller verlassen hatte, schien ihr klar zu sein; und was sollte dann aus dieser werden? — Wie nachtheilig mußte unter allen Umständen aber die nahe Beziehung zu Thorilden auf diese wirken, und ihre Stellung in der Gesellschaft beeinträchtigen! Dies war schließlich der wichtigste Punkt ihres Kummers.

So ungern sie dem Vater des Mädchens eine so unwillkommene Mittheilung machte, konnte sie schließlich doch nicht anders, als ihn auffordern nach Europa zu kommen und seine Tochter zu holen. Nur wenn er Ellena

mitnahm, vermochte sie wieder ihr Haupt zu erheben. Das
Klima, in Cayenne, war ungesund; allein lieber den Tod
dort gefunden, als hier in Unehre gelebt. Sie stützte den
Kopf in die Hand und verlor sich in Betrachtungen hierüber.

Thorilde trat indessen auf den kleinen Balcon hinaus,
und sah dem aufsteigenden Monde zu. Die Nacht war
warm, kein Lüftchen regte sich; sie legte sich gegen das
schwarze Eisengitter und stützte das Haupt in die kleine
weiße Hand. An Ellena's Nähe gewöhnt, kam ein Gefühl des Verlassenseins über sie. Welchen Werth hatte
die wärmste Zuneigung, wenn sie in einer Minute, wie
ein altes Kleid abgeschüttelt werden konnte? Welchen
Werth die Liebe? — Das fragte sie sich.

Eine namenlose Sehnsucht ergriff sie nach Gott, nach
dem Himmel, nach einem Wesen auf Erden, das un-
wandelbar ihr zugethan sei. Sie hatte nie eine Freundin besessen, Frau von Gasmund billigte keine Mädchen-
freundschaften, in dem Argwohn, daß deren vertrauliche
Plaudereien sich nur auf Männer bezögen. Sie hatte auch
mit Ellena jedes intimen Austausches entbehrt; allein
nicht minder darum über alle kleinen Vorkommnisse des
Lebens mit ihr lachen oder weinen können. Nun stand sie
da, die Lippe verschlossen, das Herz so ängstlich pochend,
als ob eine Welt der Sorge es beschwere und langsam
perlten die Thränen über ihre Wangen, um der gepreßten

Bruft Luft zu machen. Töne von Blasinstrumenten dran-
gen jetzt zu ihr hinauf; sie konnte nicht sehen, von wan-
nen sie kämen, hart an die Mauer des Hauses gelehnt,
wo der Balkon sie ihrem Auge verstecke, mußten die
Musiker sich aufgestellt haben; sie spielten in leisen und
sanften Tönen das schöne Lied: „Der Wanderer!" —
Thorilde trocknete ihre Thränen und lieh ihr Ohr.

„Was ist das?" fragte Frau von Gasmund sehr
aufgeregt, die Feder in der Hand, aus dem anstoßenden
Zimmer herbeieilend. „Ein Ständchen? Wer kann so
anmaßend sein Dir dies bringen zu wollen, da Du doch
Niemand hier bis jetzt eines Blickes gewürdigt hast?"

Thorilde war über die Störung halb erzürnt.

„Ein Ständchen, Mama! Wie kommst Du auf
den Gedanken? In einem Gasthofe leben ja so viele
Personen, welche sich ein solches Sonntagsvergnügen bereiten können. Aber laß mich, bitte! Es klingt so schön
durch die stille Nacht."

„Es gilt Dir!" sagte Frau von Gasmund hinaus-
tretend, und zugleich fiel ihr Auge seitwärts auf die
Façade des Badehauses „zum Spiegel," wo an einem
geöffneten Fenster zwei Männer standen, welche der Strahl
des Mondes in dem Augenblicke sichtbar machte. „Ich
wußte es wohl!" fügte sie nun selbstzufrieden hinzu.
„Ich wußte es wohl. Da sind sie ja."

„Wer?" fragte Thorilde.

„Die jungen Herren, welche uns beim Aussteigen behülflich waren. Wenn sie im „Spiegel" wohnen, so kann ich ihre Namen in Erfahrung bringen."

Sie trat in das Zimmer zurück, schellte und ertheilte Johann den entsprechenden Auftrag.

Thorilde war froh sich allein gelassen zu sehen, und den Zauber dieser herrlichen Nacht ungestört genießen zu können. Erst nach dem Verklingen des letzten Tones zog sie sich zurück, und träumte — von Ellena. Als sie ziemlich spät erwachte, lag auf dem Tische neben ihrem Lager ein wundervolles Bouquet der schönsten Camelien, umgeben mit einem Kranze von Veilchen. Sie schellte und fragte die Jungfer, wer es gesendet habe? Diese berichtete, daß ein Gärtnerbursche es in der Frühe mit der Botschaft, es sei für die Dame auf Nr. 13, gebracht habe.

10.

Edle Weiblichkeit.

Der Geheimrath Ledebuhr saß bald darauf eines Abends in seinem Arbeitszimmer neben dem Staats-anwalte Möser auf dem Sofa, in ein ernstes Gespräch vertieft. Beide hatten eine Cigarre hervorgezogen und bliesen bedächtig die weißen Wolken von sich, die hei-ßen Lippen mit einem Glase guten Rheinweines netzend. Der Vormund berieth hier mit dem Freunde. Was konnte und was mußte geschehen, um Ellena's Leicht-sinn gut zu machen? fragten sie sich.

„Da nicht Neigung das Mädchen zu diesem unbe-dachten Schritte verleitet hat, so ist mir ihr Davonlau-fen unbegreiflich!" bemerkte der Arzt. „Man sieht an diesem Beispiele, wie wenig auch die sorgsamste Er-ziehung den Menschen vor sich selbst zu retten vermag.

Sie führte hier das glücklichste Jugendleben; allein unter gewissen Schranken. Was sie suchen konnte und entbehren konnte, war also doch nur Zügellosigkeit."

„Sie wählen da einen zu starken Ausdruck, lieber Lebebuhr!" entgegnete der Staatsanwalt bedächtig. „Das Mädchen hat von Zügellosigkeit keinen Begriff und weiß ganz sicherlich gar nicht, was sie will. Nur ein unbestimmter Drang nach Freiheit hat sie geleitet, die Fesseln des conventionellen Lebens abzuschütteln und nach Neigung zu leben. Sie ist eine Künstlernatur und haßt die Regeln und die Regelmäßigkeit."

„Aber wohin soll das führen?" rief sein Nachbar ungeduldig. „Ein Mädchen, welches der Sitte Hohn spricht, entsagt damit auch der Sittlichkeit. Selbsterziehung und Selbstbeschränkung sind die Aufgabe jedes Menschen."

„Nur werden Sie zugestehen, daß es dem denkenden Geschöpfe leichter fällt, sich durch die Pflicht, das Gesetz, die Ordnung überhaupt beherrschen zu lassen, wie dem, welches nur der augenblicklichen Stimmung folgt?"

„Ich gestehe das Niemand zu."

„Gleichwohl geschieht es," versetzte der Staatsanwalt lachend. „Dichter und Künstler gehorchen nur Stimmungen, und so auch die Frauen. Wenn die letzteren nicht durch Furcht vor der Meinung der Welt gezügelt würden, möchte es bunt genug in unserem Le-

ben aussehen. Die Einzelnen aber, welche sich von
keiner Sitte beherrschen lassen, haben auch stets recht
tolles Zeug angegeben."

„Dann sollte man sie lieber einsperren."

„Wie die Türkinnen? — Nun ja, so übel wäre
es nicht; allein dies Einsperren verursacht auch viel Last.
Um aber auf Ellena zurückzukommen, so bin ich überzeugt, daß sie, wenn sie sich weniger überwacht gefühlt
hätte, ruhig hier geblieben wäre. Sie hat die stete
ängstliche Sorge und Aufsicht der guten Gasmund nicht
zu ertragen vermocht.

„Ich wüßte doch nicht, was diese hätte ändern können? Die Lage der Mädchen betrachtet . . . . ."

„Seien Sie billig, Freund!" fiel ihm der Staatsanwalt in die Rede. „Denken Sie sich einmal an die
Stelle eines solchen armen Wesens, in dessen Adern
das volle Leben pulsirt, und die nun wie eine Gefan-
gene, auf Ordre, in die Luft hinausgeführt wird, auf
Ordre heimkehrt, die, wo sie springen möchte, trippeln
muß, wo das helle Lachen ihr die Brust drückt, nur
lächeln darf; die überhaupt nur so weit sie selbst sein
kann, wie es die Gesellschaft ihr gestattet; sollte diese
nicht einmal den Zwang abschütteln und aus voller
Brust athmen mögen?"

„Freilich!" versetzte der Arzt kleinlaut. „Aber nun

die Folgen! Es wird doch das Unglück ihres ganzen Lebens sein."

„Das wissen wir noch nicht so bestimmt."

„Und dann ihre Herzlosigkeit! Kein Wort zu schreiben! An Mutter nnd Schwester auch gar nicht zu hängen!"

„Warten wir es ab. Erst mußte sie im Hafen sein, bevor sie diesen Nachricht geben konnte, und dann — soll ihr Begleiter es auch gestatten."

„Dieser Begleiter!" rief der Arzt lebhaft. „Das eben ist es, was ich ihr verdenke! Unter dieses Menschen Obhut sich zu begeben! Und meine arme Müller! Wie soll ich ihr diese Entführungsgeschichte anbringen?"

„Sie ist Mutter," sagte der Staatsanwalt ernst. „Die Mutter wird die Frau retten; sie muß fühlen, was sie ihren Kindern unter den obwaltenden Umständen, schuldig ist. Um aber auf den Anfang unseres Gespräches zurückzukommen: sollen wir Jemand nach London senden, um Ellena aufzufinden — oder bis der Vater aus Cayenne eintrifft, die Sache anstehen lassen? — Ich bin, wie gesagt, für das letztere; denn die Kosten und die Schwierigkeit dieser Verfolgung sind groß; und nachdem Frau von Gasmund einen Theil ihres Capitals, um Thorilde frei zu machen, geopfert hat, kann man ihr weiter noch zu gehen kaum anrathen.

„Lassen wir es also dabei," sagte der Arzt. „Warten wir die Ankunft des Vaters ab! — Ich aber will jedenfalls nach London an Benedict schreiben und ihn bitten, wenn ihm der Tonkünstler Leopold aufstößt, ein wachsames Auge auf sein Thun und Treiben zu richten und mir von Allem, was er in Erfahrung bringen kann, Nachricht zu geben."

„Thun Sie das!" sagte der Staatsanwalt sich erhebend, und nahm Abschied.

Der Geheimrath blieb nachdenkend zurück. Er hatte selbst freilich zu dem Abwarten gerathen; allein wenn er nun überlegte, wie peinlich die Wochen bis dahin an Frau von Gasmund vorüberstreichen würden, so wünschte er einen anderen Rath ertheilen zu können. „Arme Frau!" murmelte er vor sich hin. „Wieder ist ihr ein Glück verkümmert worden! Und nicht ohne eigenes Verschulden verkümmert worden. Die vornehme Gesellschaft und immer wieder die vornehme Gesellschaft! Wann wird sie aufhören diesem Götzen zu dienen? — Hätte sie die Mädchen für einfachere Verhältnisse erzogen, so würden sie wahrscheinlich nicht daran gedacht haben sie zu verlassen. So aber fühlten sie den Zwang als Töchter von Familie auftreten zu sollen, was sie nicht sind, und suchten die Fesseln abzustreifen."

Er schrieb am folgenden Tage einen trostvollen Brief nach Wiesbaden. Dann begab er sich zu Frau Agathe Müller, welche er zum ersten Male auf dem Sofa im Zimmer gebettet fand. Sie reichte ihm die fast durchsichtig weiße Hand entgegen. — „Werden Sie jetzt Ihr Verbot aufheben und meine Freunde zu mir lassen?" fragte sie mit ihrer weichen Stimme. Er bewegte verneinend sein Haupt. „Sie sind nur auf dem Wege zur Genesung, nicht genesen," sagte er dann. „Sie müssen jede Aufregung von sich fern halten. Die größte Stille und Ruhe ist ihre beste Arznei."

„Wenn ich nun aber innerlich dennoch nicht ruhig sein könnte?" erwiederte sie, den Blick auf die weiße Bettdecke gerichtet, und ein Seufzer hob ihre Brust. „Es giebt Gedanken, die nicht fern zu halten sind, Erinnerungen, die sich nicht bannen lassen."

„Ich weiß, wovon Sie reden wollen," nahm der Arzt mit ruhiger Sicherheit das Wort. „Allein gerade, was das betrifft, so wünschte ich, daß Sie während dieser Krankheit innerlich mit sich fertig würden, und dem Vergangenen eine Quittance pour toujours ausstellten."

„Quittance pour toujours?" wiederholte sie und ihre Lippen zitterten. „Sollte das nöthig sein?" fragte sie und richtete das große blaue Auge forschend auf das Gesicht des Geheimrathes.

„Es ist nicht nur nöthig. es ist auch nothwendig daß man von dem zu scheiden wisse, was innerlich und äußerlich sich von uns geschieden hat. Die Würde der Frau gebietet hier die Trennung."

„Innerlich und äußerlich?" fragte sie sinnend.

„Aus dem Herzen und durch die That," erläuterte er. —

„Was ist geschehen?" rief sie plötzlich erregt.

„Sie sind noch zu schwach, um es zu erfahren."

„Glauben Sie mir, lieber Geheimrath, daß ich mich wohler, freier, leichter fühlen werde, wenn ich meine Lage klar übersehe! Was soll ich hoffen, was fürchten?" —

„Stellen Sie sich vor, Sie hätten einen bösen Traum geträumt; Sie wären erwacht, die Tageshelle verscheuche das schwarze Bild, und die Zukunft läge im Sonnenlichte vor Ihnen; mit frohem Muthe und gutem Gewissen beginne für Sie ein neues Leben. Stellen Sie sich das recht lebhaft vor."

„Ich kann nicht," erwiederte sie zaghaft. „Mein ganzes Herz ist noch bei dem, was war, und so viel Glück hat mir der böse Traum gegeben, daß alle mir dadurch gewordenen Leiden, was mir an Freude ward, nicht aufwägen.

„Allein der Traum ist ausgeträumt!" sagte der Arzt mit Betonung.

„Ausgeträumt? lieber Geheimrath, lassen Sie mich, als Entgegnung darauf, das schöne Lied von Betty Paoli geben:

„Wen einmal Du geliebt, der sei für alle Zeit
In jedem Lebensdrang Dir heilig und geweiht.

Ob er der Liebe, die Du einst für ihn getragen
Auch werth gewesen sei? Das hast Du nicht zu fragen.
Steht doch das Eine fest, Du hast ihn einst geliebt!
Das ist's, was ihm ein Recht, ein ew'ges, auf Dich giebt.
Wär' er der Schonung auch ganz unwerth zu erklären,
Du müßtest das Gefühl, das Du ihm weihtest, ehren.
Und ehren kannst Du's nur durch immer gleiche Huld,
Für Jenen, dem es galt, wie groß auch seine Schuld.
Nicht lieben sollst Du ihn, ist falsch und schlecht sein Wesen,
Doch auch vergessen nicht, daß er Dir werth gewesen.
Wenn eine irb'sche Kron' so große Macht schon hegt,
Daß unverletzlich wird, der sie auf immer trägt:
Wie möchtest Du ein Haupt wohl zu verletzen wagen,
Das einst das Diadem der Liebe hat getragen?"

„Ich verlange ja nicht, daß Ihr Gedächtniß Sie auf
Geheiß verlassen solle," nahm der Arzt, als sie geendigt
hatte, das Wort: „Nur möchte ich, daß Sie jede Hoffnung
an die Wiederanknüpfung einer so unglücklichen Beziehung
fahren ließen; — daß sie es wie einen überwundenen
Standpunkt, wie eine abgemachte Sache betrachteten."

Agathe erschien sehr bewegt über diese Zumuthung.
Sie ergriff die Hand des Geheimrathes und führte sie,
wie Verzeihung für ihre Schwäche erflehend, an die Lippen. — „Haben Sie Nachsicht mit mir," bat sie. „Er ist
der Vater meiner Kinder. — Und er hat mir so viel Glück
gegeben, daß ich nun auch den Schmerz hinnehmen muß.
Es war eine wunderschöne Zeit, die ich mit ihm verlebte,
und Tage, die so nie wiederkehren. Wir beide jung, voll

Hoffnung, voll Streben! — Ich, die arme Wittwe, wollte
es lernen meinen Unterhalt zu gewinnen, er unterrichtete
mich, half mir; ich wurde durch ihn selbstständig. Er
wohnte damals in einer kleinen Wohnung, mir gegenüber,
und besaß wenig Geld. Wir theilten, was wir verdienten,
mit einander; Mittags aß er bei mir. — Abends compo-
nirte er und ich schrieb für ihn Noten ab. Den Flügel ließ
er in mein Zimmer setzen und übte, damit auch ich ihn benutzen könnte, bei mir. Später nach seinem ersten Concerte
schenkte er ihn mir. Wie froh war er über seine Erfolge
und wie so ganz theilte ich die Freude darüber mit ihm;
denn sein Ruhm war mein einziger Wunsch an das Schicksal; ich lebte nur in ihm, nur in seinem Glücke. Was war
denn ich, um etwas für mich zu begehren? — Ein unbedeutendes Weib, nicht schön, nicht geistreich, nicht talentvoll, kaum werth ihm die Schuhriemen aufzulösen, und
dennoch liebte er mich, und ließ mich an seinem Leben
theilnehmen. Dies Theilnehmen war denn auch mein
Stolz, war mein Alles, ich wußte, daß ich ihm förderlich
sei, ihm half; ich fühlte, daß ich ihn vor manchem Irr-
thume bewahrte, und mit seiner Zeit sorgfältig Haus zu
halten ihn anhielt. Wenn er kam, wenn ich seinen Schritt
nur von ferne hörte, so wurde es licht in meiner kleinen
Wohnung. Ich ging mit Niemandem um, als mit ihm; ich
sah nur ihn, ich dachte nur ihn. So oft er erschien, brachte er
mir Freude und Glück mit; so oft er ging, ließ er mir die

Hoffnung auf sein Kommen als Trost zurück und ich
zählte die Minuten bis zu seiner Wiederkehr. Es war
eine schöne, schöne Zeit! Ich fragte mich manchmal, ob es
wohl auch immer so bleiben würde, bleiben könne; ob
ich auch so glücklich zu sein verdiene. Schon wiegte ich mich
in das sichere Gefühl der Beständigkeit dessen ein, was mir
das Schicksal so über Verdienst gewährt hatte; da plötzlich zog eine Wolke über mein Haupt hin, — die erste
Wolke. Er bezog eine andere Wohnung, — die mir entfernt lag, die groß, elegant, geräumig war, wie es sich
für einen jetzt schon namhaft gewordenen Künstler ge-
ziemte; — er konnte nun nicht zu allen Stunden bei mir
sein, speiste in einem Gasthofe, besuchte Gesellschaften,
kurz, führte ein mir fremdes, fernliegendes Leben. Damals
vergoß ich, seit ich ihn kannte, meine ersten Thränen. Er
nannte sie kindisch, und forderte von meiner Liebe, daß sie
des Opfers fähig sein sollte, mich selbst über seinem Erfolge zu vergessen. Ich schämte mich geweint zu haben;
dann wie konnte, wie durfte ich, so lange es ihm wohl
erging, mich beklagen? Ich nahm mir vor, nie wieder eine
ähnliche Selbstsucht blicken zu lassen, und ich hielt dies mir
gegebene Versprechen, obwohl es sehr bald große Pro-
ben zu bestehen hatte, getreulich. Der Künstler trat mir
nämlich mit jedem Tage ferner. Mit seinem wachsenden
Rufe wuchs seine Zufriedenheit nicht, seine Stirne umwölkte sich, seine Gesundheit litt; denn sie war der Feste

und Aufregungen nicht gewachsen; Unfrieden kam über ihn, sein Gemüth trübte sich, der schöne Enthusiasmus für seine Kunst stand der Lust am Gewinn, am Wohlleben nach. Ich sah ihn mit stillem Kummer auf diesem Wege und zögerte dennoch ein mahnendes Wort laut werden zu lassen, aus Furcht, er möge mich wieder der Selbstsucht zeihen. Scheinbar gehörte er mir noch an, ich glaubte fest an seine unwandelbare Zuneigung für mich, jeder Zweifel daran wäre mir wie eine Lästerung erschienen, und dennoch erhob sich eine leise Stimme in meiner Brust, die da sprach: er sei mir verloren! Aber ich hörte nicht darauf, ich verbarg es mir, daß ich ihm schon nicht mehr zu seinem Glücke nothwendig war, daß er nicht mehr zu mir eilte, wenn Schmerz sein Herz beschwerte, daß er meiner Theilnahme an seiner Arbeit nicht länger bedurfte. Was ihn noch zu mir rief — war es Gewohnheit, war es Mitleid — mangelte ihm der Muth, mein Herz zu brechen — ich weiß es nicht;— allein viel habe ich gelitten in jener Zeit, wo ich seine düstere Miene sah, ohne errathen zu können, welches Mittel ich anwenden müsse, um seine Stirne zu glätten und das alte Lächeln auf seine Lippen zu bringen.

„Endlich entfiel ihm das fürchterliche Wort, welches die Trennung unter uns aussprach. Es warf mich zu Boden. Das Uebrige ist Ihnen bekannt. Sie sehen nun, daß ich auf Alles gefaßt bin, und können mir ohne Bedenken sagen, was aus Leopold geworden ist. Erschüttern wird mich jetzt nichts mehr. Habe ich das überlebt, so kann mich nichts mehr treffen. Allein — wie es auch kommen möge, immer werde ich dem Vater meiner Kinder Theilnahme bewahren."

Der Geheimrath hatte sie ausreden lassen. Als sie zu Ende gekommen war, ließ er eine kurze Pause eintreten, und sagte dann mit großer Ueberlegung: „Ich kann Ihnen eigentlich nur wenig über den Herrn mittheilen; denn, so viel ich weiß, hat er Berlin verlassen. Mit ihm zugleich ist ein junges Mädchen abgereist, über deren Aufenthalt ihre Angehörigen nichts ermitteln können und einige Personen rathen daher auf einen Zusammenhang."

„Können Sie mir den Namen der jungen Dame nennen?" fragte Agathe Müller, sich halb aufrichtend, und legte zugleich die feine Hand auf das Herz.

„Ich kann es nicht wohl, ohne eine Indiscretion zu begehen," erwiederte der Arzt. „Man hofft den Ruf des unglücklichen Mädchens durch Schweigen zu retten; denn das Publicum ist nur zu sehr geneigt eine Thatsache auszubeuten, gelangt es einmal in deren Besitz, und die Familie muß dies einer Schwester willen, die dadurch leiden könnte, zu verhindern suchen."

Agathe Müller faltete, wie im stillen Gebete, die Hände. „Wie leid thut mir das!" flüsterte sie. „Wie

11*

sehr leid! Das arme Mädchen! Hätte ich sie nur warnen können! Sie wußte ja nicht, was sie that, so wenig wie ich es einst wußte. Man geht weiter und weiter, weil man das Ende nicht sieht.“

Der Geheimrath sah sie voll Mitleid an. Das tiefe Weh, welches sie in doppelter Weise durchzitterte, stand rührend auf ihrem Gesichte geschrieben; sie vergaß ihr eigenes Leid über dem Unglücke einer Anderen, und bedauerte den Mann, welcher es verursacht, mehr noch, wie sie ihn verklagte. Er reichte ihr warm die Hand und ging.

Agathe Müller athmete hoch auf, als sie sich allein sah. Sie drückte das Haupt in die Kissen und senkte die Lider. Man hätte meinen sollen, sie schlafe, wenn nicht von Zeit zu Zeit große Perlen unter den Wimpern hervor sich langsam über die bleichen Wangen gestohlen hätten. Endlich ergriff sie die Handschelle und als Rosine auf den Laut erschien, forderte sie Papier und Feder, und schrieb mühsam einen Brief, nach dessen Abfassung sie um Vieles beruhigter schien. Sie faltete ihn zusammen, adressirte ihn und legte ihn neben sich auf den Tisch. —

Am Tage darauf saß sie, als der Arzt eintrat, aufrecht, und hielt eine Handarbeit. Verwundert bemerkte er den Fortschritt in ihrem Befinden.

Sie lächelte ihn freundlich an.

„Es ist mein großer Wunsch, Kräfte zu gewinnen," sagte sie, „denn ich bedarf ihrer, um meine Pflichten erfüllen zu können, und Gott wird gnädig sein, mit meinem Verschulden Nachsicht haben, und auf dem ernsten Wege, der vor mir liegt, mein Beistand sein. Ich fühle es bei der über mich gekommenen Ruhe, daß der Herr jetzt mit mir ist. — Ich bitte Sie, lieber Herr Geheimrath, wenn Sie nach Hause kommen, diesen Brief zu lesen und ihn dann seiner Adresse zu über= antworten. Ich hoffe, daß Sie mit seinem Inhalte zu= frieden sein werden; denn Ihre Billigung ist ja fortan das einzige für mich noch zu erstrebende Glück, und Ihrer Achtung nie mehr ganz würdig zu sein, der tiefste Schmerz meiner Seele."

Große Thränen rollten bei den letzten Worten über die bleichen Wangen. Der Geheimrath wandte sich ab, und ließ ihr Zeit sich zu fassen. Dann fragte er nach einigen gleichgültigen Dingen und schied.

„Du könntest, wenn Du den Nachmittag frei hast, einige Stunden bei der Müller zubringen, Zoe!" sagte er über Tische zu seiner Schwester. „Aber nimm eine Handarbeit mit und plaudere recht gemüthlich mit ihr, d. h. nicht von Stadtgeschichten, die ihr fremd sind; sondern von ihrer eigenen Vergangenheit, von ihrer Kindheit, ihrem Elternhause. Solche Erinnerungen thun dem Gemüthe wohl."

Die Ruhestunde nach der Mahlzeit benutzte er zum Lesen des in seiner Tasche befindlichen Briefes. Er lautete:

„Leopold!

Du hast es ausgesprochen, daß Du einem reichen Mädchen Deine Hand zu reichen wünschest. Ich kann demnach Dein Herz, selbst wenn Du es mir lassen wolltest oder könntest, nicht länger mein nennen; aber Du willst es und kannst es mir auch nicht lassen. Mitleid kettet Dich nur noch an mich. Dein Mitleid will ich nicht. Du bist frei; völlig frei. —

Jeder Verpflichtung, für mich und meine Kinder zu sorgen, bist Du damit zugleich enthoben.

Daß eine solche Stunde kommen würde, wo wir uns, die keine Kirche zusammengefügt hat, die kein Richterspruch trennen kann, aus eigenem freien Willen scheiden würden, hätte ich mir nie möglich gedacht; darum auch bezahlte ich den Gedanken daran fast mit meinem kleinen Leben.

Leopold! Ich habe sehr gefehlt, indem ich mein Glück auf einer Basis ruhen ließ, welche die menschliche Gesellschaft sündlich nennt. Ich sehe das jetzt ein und bereue es; die Satzungen der Kirche, die Satzungen der weltlichen Gerechtigkeit sollen wir ehren. Ich war jung und unerfahren, und glaubte es gern,

daß Liebe jedem Verhältniſſe zwiſchen Mann und Weib
die höchſte Weihe gebe.

Was iſt nun aus ihr geworden, aus dieſer ſchönen
Liebe, die tauſend Schwüre beſiegelt haben?

Ich mache Dir keinen Vorwurf daraus, daß ſie
aus Deinem Herzen entflohen iſt; denn was konnteſt
Du dafür, daß Deine Augen ſich dem Lichte der
Wahrheit öffneten und Du Deine Agathe ſo ſaheſt,
wie ſie wirklich iſt; nicht ſchön, nicht talentvoll, nicht
geiſtreich, Deiner in jedem Bezuge unwürdig — nur
in ihrer ſelbſtloſen Hingabe an Dich kein werthloſes
Etwas?

Du haſt meine Mängel früher nicht geſehen
gehabt, weil Deine Theilnahme mit meiner verlaſſe-
nen Lage ſie Dir verſteckten; ſeit Du ſie geſehen,
wer kann es Dir verargen, daß Du Dich einem be-
gabteren Weſen zuwandteſt? — Nenne Sie alſo
Dein, ohne Sorge um mich, Dein; ſei glücklich und
mache ſie glücklich. — Laß keinen Gedanken an mich
Dein Leben trüben! Du haſt mir ſo ſchöne Jahre
gewidmet, daß die Erinnerung daran meine ganze
Zukunft erhellen wird. Du bleibſt mir, was Du mir
warſt. Daß Du mir nicht länger wie Dein Wahn
dauerte, angehören konnteſt, ſehe ich ein. Wäreſt Du
mir geſtorben, hätte ich Dich ja auch verlieren müſſen.
Wenn wir uns gleich nicht mehr ſehen werden, ſo iſt

das Bewußtsein, daß Du auf Erden bist, doch dem dunklen Grabe gegenüber, welches Dich hätte verschlingen können, ein Trost. —

Meine und Deine Kinder werde ich in der Furcht des Herrn erziehen, und je ähnlicher sie Dir werden, je zärtlicher wird mein Auge auf ihnen ruhen. Da Sie aber Dich nicht, ohne ihrer armen Mutter zu grollen, Vater nennen können, und ich den Schmerz nicht zu ertragen vermöchte, die Augen dieser theuern Wesen vorwurfsvoll auf mich gerichtet zu sehen — während ihr süßes Lächeln, ihre Liebe mein ganzes Erdenglück ausmachen soll; — so muß ich ihnen leider! wem sie ihr Dasein verdanken, verschweigen und sie lehren, wenn sie Abends die kleinen Hände falten und zu Gott für Dich beten, Dich im Himmel zu suchen. Es ist dies vielleicht die schwerste Aufgabe für mich, weil von Dir zu reden und sie Deinen Namen aussprechen zu lassen, mir so natürlich ist; allein die Mutterliebe wird hier der Schwäche des Weibes zu Hülfe kommen und sie das unmöglich Scheinende vollbringen lassen. —

Lebe wohl, Leopold, Lebe wohl! Wir werden uns wiedersehen, wenn dies Erdenleben ausgekämpft ist, und Gott uns zu sich ruft. Bei ihm stehen die Satzungen der Erde nicht mehr trennend zwischen uns, bei ihm ist kein Mein und Dein; die Liebe,

welche dort alle Wesen umschlingt, verbindet uns
dann wieder. Bis dahin — Lebe wohl.

Agathe."

Der Geheimrath vermochte während des Lesens
seine Rührung zu verschiedenen Malen nicht zu bemei-
stern; jetzt legte er den Brief aus der Hand und lehnte
sich sinnend in seinen Armsessel zurück. „Armes Weib!"
murmelte er. „Armes Weib!" denn er las zwischen
den Zeilen, daß sie den Entschluß mit ihrem Herzblute
sich abgerungen hatte. Das Bild der jungen in Gott
ergebenen Mutter wollte ihn nicht mehr verlassen; sie
hatte sich einen Freund gewonnen, welcher ihrer schweren
Zukunft mit ernsterer Sorge entgegensah, wie sie, die
Unerfahrene, es im Stande war zu thun.

Der Brief ging direct, an Cramer & Beal adressirt,
nach London. Eine Antwort erforderte er nicht; auf eine
Antwort rechnete die Schreiberin auch nicht. Von dem
Tage an, wo sie ihn in die Hände des Arztes gelegt hatte,
sah sie jede Beziehung zu Leopold wie abgebrochen an;
denn sie kannte dessen leicht verletzliche Seite, und, wie zart
sie es auch einzukleiden versucht, daß für sie und ihre Kinder neben einer rechtmäßigen Gattin kein Platz mehr sei,
den sie ohne Beschämung für sich und für diese einzunehmen vermöge; so wußte sie, daß er dennoch sich für gekränkt
halten würde, weil die von ihr angedeuteten Rücksichten in
seinen Augen ohne Geltung waren.

Sie erholte sich von da an täglich mehr und sah dem Momente entgegen, wo sie die Sorge für ihren Haushalt zu übernehmen, und durch die Ankündigung von Musik-unterricht den Unterhalt ihrer kleinen Familie zu bestreiten vermöge. Indessen wollte sie durch feine Handarbeit etwas zu verdienen suchen und sandte Louise Gerschel zu dem Zwecke, um Aufträge für sie einzuholen, in einen Tapisserie-laden. „Wir müssen uns jetzt auch trennen," sagte sie, als diese mit dem Gewünschten zurückkehrte. „Von morgen an werde ich meine Kinder selbst zu versorgen anfangen, meine gute Louise! Haben Sie Dank für alle Freundlich-keit und Güte, mit der Sie mir in meiner Noth beigestan-den. Vielleicht kommt eine Zeit, wo ich es wieder vergel-ten kann. Augenblicklich bin ich nicht in der Lage. Legen Sie mir es also nicht wie Undank aus, wenn ich Ihnen nur den für Ihre Leistungen viel zu geringen Lohn einer Nähterin auszahle; meine Mittel gehen aber nicht weiter. Betrachten Sie mich darum wie Ihre Schuldnerin. Was man aus gutem Herzen thut, kann ohnehin ja kein Geld bezahlen."

„Machen Sie sich darum keine Sorge, Frau Müller!" erwiederte die junge Nähterin und schob verlegen das Geld zurück. „Sie haben jetzt so viele Ausgaben und müssen etwas auf Ihre Pflege wenden. Mit mir eilt es nicht. — Wenn es sich später einmal so macht, dann rechnen wir ab.

Es ist ja auch gar nicht nöthig, daß ich Alles auf einmal bekomme."

„Sie sind ein braves Kind!" sagte Agathe gerührt.

„Und wo ich Ihnen helfen und dienen kann, da rechnen Sie auch fernerhin immer auf mich. Sonntags habe ich ein paar Stunden übrig, um Ihnen die Kleider für die Kinder zu machen," fuhr Louise fort.

Agathe drückte ihr die Hand. Sprechen konnte sie nicht. Die einfache Güte des Mädchens trieb ihr die Thränen in die Augen. Es giebt der guten Menschen doch viele auf Erden," dachte sie, „und Wohlwollen und Aufopferung sind der echte Sonnenschein des Lebens." Sie hieß sie neben ihr Platz nehmen und arbeitete mit ihr um die Wette; die Lampe brannte hell, die Kinder gingen zur Ruhe; es war so still und traulich in dem kleinen Gemache, und in Agathens Herz senkte sich Friede und Heiterkeit, wie erfüllte Pflicht sie schafft. —

11.

Ein Bewerber.

Frau von Gasmund ließ sich neue Karten stechen, worauf „*Madame la Baronne de Gasmund*" zu lesen war; denn das einfache „von" schien ihr, bei ihrem jetzigen Bedürfniß, sich in den Augen der Menschen zu heben, nicht mehr genügend. Wenn es nur irgend thunlich, mußte Johann in Livrée ihr nachfolgen, und so oft sie ausfuhr, saß er auf dem Bocke. Auch ihre Kleidung, wie die Thorilden's, erfuhr einen Zusatz an Eleganz.

Ellena's Namen erwähnte sie nie mehr. Obwohl sie täglich, stündlich dieses Kindes gedachte, vermied sie doch von ihr zu reden und suchte auch Thorilden von dem Gedanken an sie abzulenken. Diese begriff die anscheinende Gleichgültigkeit ihrer Mutter nicht; denn

daß dieser Alles daran lag, ihr ein Geheimniß daraus
zu machen, in wessen Begleitung sie sich höchst wahrscheinlich befinde, konnte sie freilich nicht ahnen.

Wenige Tage nach jenem Ständchen ließ sich der
Baron von Rheinfeld bei Frau von Gasmund melden,
mit einem Briefe von seinem Vater in der Hand, in
welchem dieser seiner Jugendfreundin den Sohn empfahl.
Ohnehin war sie schon geneigt, ihm den zuvorkommend-
sten Empfang angedeihen zu lassen. Er hatte die Uniform abgelegt; sie erkannte in dem Civilkleide nicht sogleich den jungen Mann, welcher ihr an jenem Abende
ihrer Rückfahrt von Bieberich die Hand beim Aussteig-
gen gereicht; Thorilde aber gewahrte es auf den ersten
Blick, und ahnte zugleich in ihm den „unbekannten
Verehrer;“ hoch erröthend neigte sie daher, als sein
Auge sie traf, ihr Haupt.

„Wie gefällt Dir der junge Mann?“ fragte Frau
von Gasmund, als er seinen langen Besuch beschlossen. —

„Wie er mir gefällt?“ fragte Thorilde zurück.
„Ja, das weiß ich wirklich nicht zu sagen. Er sieht
nicht übel aus; doch Alles, was er sagt, klingt sehr gewöhnlich.“

Frau von Gasmund bewegte mißbilligend ihr
Haupt.

„Man sollte seine Töchter eigentlich nie mit einem

Manne verkehren laſſen, welcher ihr nicht ebenbürtig iſt," bemerkte ſie dann, „es macht anſpruchsvoll."

Thorilde lachte.

„Soll das heißen, liebe Mutter, daß alle eben-bürtigen Männer nur gewöhnlich in ihrer Begabung ſind ?"

„Es ſoll heißen, daß es ſehr wenig auf die Be-gabung eines Mannes ankommt, ſobald er nur ſonſt die Eigenſchaften, welche ein Mädchen von Geburt wünſchen kann, beſitzt."

„Und dieſe Eigenſchaften ſind ?"

„Ein alter Name und Vermögen."

„Beides hat alſo wohl dieſer junge Rheinfeld?"

„Allerdings, ſein Stammgut iſt ein Majorat, und er der Erbe."

Thorilde erwiederte hierauf nichts. Sie errieth aus den Andeutungen die Wünſche ihrer Mutter, für die ſie weder ein für, noch ein gegen einlegen wollte.

Man hatte einen Flügel in ihr Zimmer geſtellt, und ſie ſpielte und ſang, was Leopold ſie gelehrt. Eine tiefe Schwermuth überkam ſie dabei.

Nachmittags ging man die Muſik zu hören, nach dem Kurſaal. Frau von Gasmund wünſchte, daß ſie ſich heute weiß kleide. Sie that es ohne Widerſpruch. Eine blühende Roſe war der einzige Schmuck ihres Kleides, und gerade dieſe Einfachheit erhöhte ihren Reiz.

Der junge Rheinfeld wich nicht von ihrer Seite, und schon bildete sich ein Kreis von Herren um sie, welche sie als ihr zu Füßen liegend betrachten konnte. Frau von Gasmund war äußerst aufgeräumt. Dennoch entstieg mitunter ein schwerer Seufzer ihrer Brust; weil gerade in solchen Augenblicken, wo sie sich der Freude über die Triumphe Thorildens hingeben wollte, die Gestalt Ellena's vor sie hin trat, und sie damit das ganze Gebäude ihrer Stellung abgebrochen vor sich sah.

Sie hatte beschlossen Abends bei sich zu empfangen, am Theetische noch ein trauliches Plauderstündchen zu gestatten und dabei zugleich Thorildens musikalisches Talent zur Geltung zu bringen. Heute lud sie beim Nachhausegehen vorerst den Sohn ihres Jugendfreundes und einen Engländer, mit dem Thorilde sich äußerst lebhaft unterhalten hatte, zu sich ein. Frau von Gasmund, welche diese Sprache nicht verstand, wußte nicht, wovon die Rede unter ihnen gewesen war; allein es schmeichelte ihr, die fremde Zunge so geläufig von ihrer Tochter gesprochen zu hören, und sie wollte den jungen Mann, welcher ihr diese Gelegenheit dazu bot, fest halten. —

Baron von Rheinfeld schien verstimmt darüber. Er sei schon eifersüchtig, meinte die kluge Mutter und nannte dies nur um so besser. Thorilde bereitete den Thee; ein Amt, das sie mit so viel Grazie und Anstand verrichtete, daß die Unterhaltung, weil aller Augen ihren Bewegungen folgten, stockte.

Man verabredete für den folgenden Tag eine Rheinfahrt nach Bingen.

Frau von Gasmund mußte, so spät es auch schon war, als die Herren sie verließen, noch wegen Thorildens Anzug mit der Jungfer berathen. Diese, obwohl gegenwärtig, schwieg dazu. Auf dem Wasser konnte es etwas kühl sein, sie sollte daher Seide tragen, und zwar eine leichte perlengraue mit schwarzen Sammetschleifen, und einen kleinen runden Strohhut von derselben Farbe, mit einem Bouquet von Kornblumen und Aehren. Mitternacht war lange vorüber, als diese Bestimmung getroffen war und man sich für die Nacht trennte.

So wie Thorilde sich allein sah, begrub sie das Gesicht in die feinen Hände und schluchzte. Erst als sie sich satt geweint, suchte sie ihr Lager. Es war eine Bitterkeit in ihr, welche sich auf diese Weise Erleichterung schaffte; da Niemand sie bemitleidete, so widmete sie sich selbst diese Empfindung. In dieser Gemüthsstimmung gewöhnte sie sich die Augenbrauen zusammenzuziehen, so daß sich über der Nase eine ihre Stirne umdüsternde Falte bildete. Auf dem jugendlichen Antlitze nahm sich dies, neben dem Lächeln um die Lippe, eigenthümlich aus; es war gleichsam, als ob die Sonne unter Wolken hervorleuchte.

Sie hatte den Baron Rheinfeld bis jetzt mit völ-
liger Gleichgültigkeit behandelt; er war für sie nicht
häßlich, nicht schön, nicht angenehm, noch widerlich; er
war so gut, wie gar nicht für sie da. — Auf der
Partie nach Bingen gewann er ihr zuerst eine Art
Theilnahme ab, die ihr Benehmen gegen ihn freundlich
machte. Er hatte einen großen Hund mitgebracht, ein
wunderschönes Thier, das er am Seile führte. Sie
streichelte diesen und das Thier leckte ihre Hand. Dankbar für die seinem Lieblinge erwiesene Freundlichkeit sagte
der junge Mann: „Sie nehmen mir ein Gewicht vom
Herzen, gnädiges Fräulein! Ich fürchtete so sehr Ihnen
mit meinem Caro lästig zu fallen, daß ich schon auf
dem Punkte stand, ihn zu Hause zu lassen; allein ich
hatte nicht den Muth, es ihm anzubringen."

„Wie? Sie sprechen ja, als ob er ein Mensch
wäre!" sagte Thorilde lachend. „Würde er es denn
so gar ungnädig aufgenommen haben, die Rheinfahrt
nicht mitzumachen?"

„Er liebt es nicht zu Hause zu sein; freie Luft
und Bewegung sind sein Element, und dann auch —
ist er mir sehr attachirt," setzte er kleinlaut hinzu.
„Lachen Sie nicht! Aber wirklich, er hat mich lieb! Ich
besitze keine Schwester, keinen Bruder, ich wuchs einsam
auf dem Lande heran; meine Eltern sah ich auch nicht
viel, — da ward der Hund mein Spielcamerad —

mein Freund. Ihm erzählte ich Alles; er schlief in meinem Zimmer, lief mit mir in Feld und Wald umher, — kurz er verließ mich nie. Wäre es nun nicht Unrecht, wenn ich jetzt, wo ich seiner entbehren kann, ihn vernachlässigte?"

Thorilde wollte lächeln; aber es ging nicht. Fast zitterte eine Thräne in ihrem Auge. In des jungen Mannes Gesicht blickend, das einen gewinnend gutmüthigen Ausdruck in dem Augenblicke trug, sagte sie: „Ich schätze diese Treue, Herr von Rheinfeld. — Treu und dankbar sein, selbst gegen einen Hund — verdient kein Belächeln."

Und sie streichelte Caro jetzt aufs Neue.

„Sie thaten recht ihn mitzunehmen," sagte sie dabei, wie vor sich hin. „Ich bitte daß Sie ihn stets mitbringen; es wird mir Freude machen zu sehen, daß Sie gut gegen den Hund sind."

Seit diesem kleinen Zwiegespräche traten sie sich näher. Bis dahin hatte Herr v. Rheinfeld eine gewisse schüchterne Scheu, hervorgerufen durch ihr kaltes, abwehrendes Benehmen, vor ihr an den Tag gelegt; jetzt ward er zutraulich. Frau von Gasmund bemerkte mit Vergnügen aus der Ferne, daß sie mit einander planderten. Der Ton ihrer Unterhaltung war freilich eigenthümlicher Art. Der junge Mann von zwei und zwanzig Jahren sprach zu dem Mädchen von siebzehn, als ob sie

seine Mutter, Tante oder Vorgesetzte wäre. Wie sein
ganzes Wesen, so trug auch seine Sprache das Gepräge
des Unentwickelten, des einfach kindlichen. Einmal das
Eis gebrochen, erzählte er ihr aus seiner Jugend, aus
dem Vaterhause, bekannte, daß er wenig gelernt, daß
man ihm in allen Dingen seinen Willen gelassen, daß
Niemand daran gedacht habe ihn zu erziehen, zu bilden.
Durch diese Bekenntnisse gelangte er an die stets ein-
nehmbare Seite des weiblichen Herzens, — das Mitleid.

„Sie sind so klug, Sie sprechen so viele Sprachen,
Sie malen, Sie spielen, Sie singen; Ihnen wird darum
die Zeit nie lang, und mir so oft. Wie glücklich müssen
Sie sein!" schloß er seine Selbstbekenntnisse.

„Ich?" fragte Thorilde, und seufzte. „Sie besitzen
dafür manches, das meinem Leben fehlt," setzte sie hinzu.

„Ich wüßte nicht was," gab er kopfschüttelnd zurück.

„Aber ich weiß es," sagte sie, zu einem scherzhaften Tone
übergehend. „Dabei können Sie, was Ihnen an Kennt-
nissen fehlt, ja einholen. Warum lernen Sie, da Ihnen
die Einsicht der Mängel Ihrer Bildung geworden ist, nicht
jetzt noch?"

„Ich?" fragte Herr von Rheinfeld ganz erstaunt.
„Ich? Sie meinen das im Ernste?"

„Wie anders?"

„Freilich!" sagte er nachdenkend. „Wissen Sie, daß
mir dies noch niemals eingefallen ist? — Ich dachte, mit

12*

dem Lernen wäre es für einen Erwachsenen vorbei. Aber womit soll ich anfangen? — Es fehlt mir ja so viel. Was, meinen Sie, wäre da am Nothwendigsten?"

„Sie müssen sich selbst befragen, wozu sie am meisten Neigung haben; oder auch welcher Mangel Ihres Wissens Ihnen am fühlbarsten ist."

Er sann einen Augenblick nach. „Daß ich kein Englisch verstehe," sagte er dann.

Thorilde lachte.

„Ist Ihnen das schon früher bemerklich geworden, oder erst, während Sie mich mit Herrn Brook sprechen hörten?" fragte sie schelmisch.

„Ihnen entgeht auch gar nichts," sagte er mit schmollender Miene. „Ich habe nie zuvor Engländer kennen gelernt. Dieser nun, wenn er ohne Aufhören mit Ihnen spricht, ist mir schon in der Seele zuwider geworden und ich fange an die ganze Nation recht gründlich zu hassen. Wie egoistisch sind sie, wie vorlaut! Unerträglich!"

„Aber Sie kennen ja, wie Sie sagen, nur diesen Einen, und der besitzt keinen der von Ihnen gerügten Fehler," gab sie lachend zurück.

„Nun loben Sie ihn noch," sagte er schmollend.

„Ich vertheidige ihn gegen Ihren ungerechten Tadel. Wer so gut gegen einen Hund sein kann, wie darf der einen Menschen so hart beurtheilen!"

„Aber den Hund liebe ich; jener aber ist mir ver-
haßt."

„Das soll er nicht sein, er hat Ihnen dazu keine
Veranlassung gegeben, er hat immer nur gut von Ihnen
gesprochen."

„Das konnte ich ja nicht wissen."

„Darum ganz recht, daß Sie seine Sprache erler-
nen. Das Englische ist gar nicht schwer. Sie werden hier
ohne Mühe einen guten Lehrer finden. Und damit Sie sich
im Anfange nicht zu sehr mit der Aussprache quälen, will
ich Ihnen gern bei Ihren Arbeiten helfen. Schade daß ich
meine Schulbücher nicht hier habe. Aber Sie finden gewiß eine Grammatik und ein leichtes Lesebuch in dem Buch-
laden von Rothe. — Ich habe ja hinlängliche Zeit hier.
Also kommen Sie nur mit Ihren Arbeiten zu mir, ich prä-
parire Ihre Aufgaben mit Ihnen."

„Wenn Sie das wollen, dann wird es gewiß sehr gut
gehen; denn was ich fürchte, ist: allein vor den Büchern
zu sitzen. Dabei kann Caro mir keine Gesellschaft leisten.
Er knurrt dann nur und will, daß ich mit ihm spiele."

Frau von Gasmund war noch niemals so zufrieden,
wie an diesem Tage, mit dem Benehmen ihrer Tochter gewesen, und als sie schlafen ging, küßte sie dieselbe in war-
mem Herzensdrange wiederholt auf die Stirne. — Ihr
heutiges Benehmen gegen Rheinfeld gab ihr die Hoffnung,
sie dennoch anständig versorgt zu sehen; dennoch! Sie

lebte jetzt in einer fortwährenden, zitternden Aufregung,
und gestand sich selbst nicht ein, wie sehr ihre Gesundheit
bei diesen schlaflosen Nächten litt, wie sie zusehends
abnahm, so nervös sich fühlte, daß ein leises, unvermuthe-
tes Geräusch sie mit einem Ach? zusammenfahren ließ,
und eine für Andere peinliche Unruhe sich in ihrem ganzen
Wesen verrieth. Dabei ward kein Wort der Klage über
ihr Befinden laut; denn sie litt in ihrem Gemüthe zu sehr,
um an den Körper zu denken, und fiel es Thorilden ein,
ihren Mangel an Appetit, ihr umrändertes Auge zu rügen;
so sprach sie kurz ab: ihre Gesundheit sei nie besser gewesen.

Der Kreis ihrer Bekannten mehrte sich täglich des
schönen, auch als reich gerühmten Mädchens halber, die
Tage schwanden wie im Umsehen hin; am Schlusse des
zweiten Monates wollte sie Wiesbaden, dessen Sommer-
preise keinen verlängerten Aufenthalt gestätteten, verlassen.
Nichts konnte daher ihren Wünschen entsprechender sein, als
Thorildens Absicht, den jungen Rheinfeld im Englischen zu
unterweisen; auch war die sonst so ängstliche Mutter gar
nicht so vorsichtig, wie früher, sie hielt nicht darauf, wenn
Beide vor dem an der offenen Balkonthüre stehenden
Tische sitzend die englischen Verben conjugirten, im Zimmer
gegenwärtig zu sein. Das junge Mädchen erlebte eine un-
glaubliche Freude an ihrem Schüler, welcher wiederum von
seinem Lehrer das größte Lob erhielt, so daß unter den

Dreien das beste Einverständniß herrschte. Auf allen Wegen
und Stegen suchte sie seinen Vorrath an englischen Voca-
beln zu vermehren, und diese Beschäftigung ließ sie, was
sie sonst an seiner Unterhaltung vermißt haben würde, über-
sehen. Abends nach dem Thee wurde Musik getrieben,
Mr. Brook sang dann häufig Duette mit Thorilden; waren
andere musikalische Personen da, so wechselte man in seinen
Leistungen ab. Herr v. Rheinfeld gähnte dann wohl mitunter. „Immer singen und singen!" flüsterte er Thorilden
oft unmuthig zu. „Den ganzen Abend habe ich noch kein
Wort mit Ihnen sprechen können."

„Dafür sehen wir uns morgen früh," erwiederte sie
ihn tröstend. „Wenn so viele Menschen da sind, können wir
ohnehin keine Privatunterhaltung führen."

„Ja, das ist wahr!" sagte er zustimmend und wünschte
in seinem Herzen Frau von Gasmund möge ihren ganzen
Umgang auf seine Person beschränken. —

„Wenn Sie Ihrem Herrn Vater schreiben, so em-
pfehlen Sie mich ihm," wandte sich Frau von Gasmund
wenige Minuten später an den jungen Mann. „Er hatte
mir Hoffnung gemacht, mich durch seinen Besuch hier über-
raschen zu wollen; allein wenn er nicht damit eilt, so findet
er uns schon abgereist. Fragen Sie ihn also, ob wir
uns in dem Falle nicht Rendez-vous auf dem Rigi geben
könnten?"

„Wie, Sie wollen schon fort? Was soll dann aber

aus mir werden?" fragte der junge Mann vorwurfsvoll. —

„Sie kehren wahrscheinlich zu Ihrem Regimente
zurück."

„Ich? Behüte! Ich habe andere Dinge zu thun. Ich
nehme meinen Abschied."

„Aber warum?"

„Weil ich etwas lernen muß."

„Können Sie das nicht überall?"

Er bewegte verneinend sein Haupt.

„Ohne Fräulein Thorilde geht es nicht; sie muß mir
sagen, was ich thun soll; sie muß mir helfen."

„Dann müssen Sie freilich dahin, wohin sich Ihr
Mentor mit mir begiebt, gehen," versetzte Frau v. Gasmund
mit zufriedenem Lächeln, „denn in Ihre Garnison werde
ich allerdings nicht ziehen."

Sie hatte sich lange nicht so wohl gefühlt, wie nach dieser
kleinen Unterredung. Kein Zweifel, daß ihr alter Freund die
Partie zwischen seinem Sohne und ihrer Tochter wünschte und
wenn er jetzt von diesem erfuhr, daß er ohne das junge
Mädchen nicht zu leben vermöge; so konnte sie die Sache
wie abgemacht betrachten. Sie athmete erleichtert auf.
„Singe uns ein heiteres Lied, Thorilde!" sagte sie. „Ich
bin in einer Stimmung, um Lustiges hören zu mögen."

„Ich fürchte, das Lustige wird traurig klingen; denn
mir ist so schwermüthig zu Sinn, als ob eine Centner-

laft auf mir ruhe," erwiderte das Mädchen gedankenvoll. „Vielleicht ist die schwüle Gewitterluft daran
schuld. Ich will die Flügelthüren öffnen und einen
frischen Luftzug hereinströmen lassen."

„Und ich bitte mir zu erfreuen durch die englische
Lied: Home, sweet home!" sagte Mr. Brook.

Der junge Rheinfeld lächelte vergnügt, wie immer,
wenn der Engländer sich im Deutschen versuchte und es
dabei an grammatikalischen Fehlern nicht mangeln ließ.
Man setzte sich um die Lampe, Thorilde nahm vor dem
Flügel Platz; in der Ferne rollte der Donner in leisem
Grollen fort, und einzeln zuckten Blitze, welchen bald
darauf kühlend ein mächtiger Regenstrom folgte. —
Frau von Gasmund hatte eine Arbeit genommen, der
Engländer eine große Zeitung aus der Tasche gezogen.
Thorilde sang Lied auf Lied, als wäre sie allein. Vielleicht gedachte sie auch nicht einmal der Gäste mehr;
und sang das schwere Herz sich durch die vollen Töne
leicht; denn sie war zu ihren Lieblingsliedern von Schubert übergegangen und hatte so eben mit „Ich grolle
nicht" begonnen, als ein knisternd durch das Zimmer
fahrender Donnerschlag sie von ihrem Platze aufscheuchte
und sie sich zu den Uebrigen setzte.

„Sie haben göttlich schön gesungen," bemerkte der
Engländer. „Mit so viele Gefühle! ich möchte Sie

immer hören. Nicht wahr, Ihr Lehrer war ein Herr
Leopold?"

Wie stets bei Nennung dieses Namens, so erblaßte
sie auch jetzt, und wandte das Auge von dem Sprecher
ab, seine Frage mit einem leichten Neigen des Hauptes
beantwortend.

„Ich lese in dieser Zeitung von einem Herrn Leopold, welcher hat in den Hanover Square rooms
ein großes, sehr glänzendes Concert gegeben. Ist das
vielleicht der Herr Leopold, welcher Sie hat unterwiesen
oder hat er einen Bruder, der auch Tonkünstler ist?"

„Er wird es selbst sein," nahm Frau von Gasmund rasch das Wort, und rückte ihren Stuhl dem
Engländer näher, um ihn zu zwingen, ihr sein Gesicht
zuzuwenden; denn Thorildens tödtliche Blässe erschreckte
sie; um jeden Preis mußte sie ihr die Verlegenheit einer
Antwort ersparen. „Aber nennen Sie mir gefälligst
noch einmal den Ort, wo er gespielt hat?"

„Es ist kein Ort, es ist nur eine große Simmer,
worin werden alle Concerte gegeben, welche berühmte
Künstler machen."

„Und man ist mit seinen Leistungen zufrieden gewesen? Er hat großen Applaus gehabt?"

„Man hat nach jedem Stücke ein Encore gefordert
und das ist das Zeichen von großem Beifall in meine
Vaterland. Es ist aber auch ein Frauenzimmer dabei

gewesen, die ihm seinen Ruhm fast streitig gemacht
hat."

Frau von Gasmund fühlte ihre Knie zittern; alles
Blut drang in ihre Wangen, ihr Herz stand still. Ein
langes „So!" war ihre erste Antwort. Dann faßte
sie sich so weit, um hinzufügen zu können: „Und
welches Instrument spielte die Dame."

„Sie sang und sang mit einer göttlichen Stimme,
wie die „Times" sagt, mit eine Stimme, so wunderbar
schön, daß nicht Catalani, nicht Malibran sie übertroffen
haben; aber was ihr fehlte, war die Kunst zu singen:
sie hatte den Umgang mit ihrer Stimme noch nicht
gelernt."

„Vielleicht ist sie noch jung genug, um das nachholen zu können," bemerkte Frau von Gasmund und
legte ihre Stickerei auf ihre Knice, als mustere sie
die Wirkung der Farben. „Es würde mich sehr inter-
ressiren, wenn sie mir vorlesen wollten, was man von
ihr sagt. Die beginnende Laufbahn einer viel verspre-
chenden Künstlerin zu verfolgen, hat großen Reiz. Es
fehlt der musikalischen Welt jetzt gerade an einem Sterne
erster Größe."

Der Engländer suchte den betreffenden Paragraphen
in seiner Zeitung und trug dann das Folgende vor.

Gestern fand in den Hanover Square rooms ein
Concert statt, zu welchem die glänzende Welt London's

sich drängte, weil die Zeitungen verkündigt, daß ein
Schüler von Liszt darin spielen werde, von dessen Fer-
tigkeit auf dem Clavier man Wunder berichtete. —
Auch hat seine außerordentliche Leistung diese Erwartung
nicht nur erfüllt, sondern übertroffen. Seine Technik
ist ausgezeichnet, sein Piano köstlich; bis in die fernsten
Ecken des Saales konnte man den leisesten Ton seines
Spieles vernehmen. Man rief da capo nach jedem
Stücke. Mit ihm zugleich trat eine junge Dame auf,
deren Stimme, zu den höchsten Erwartungen berechtigt;
allein in der Künstlerwelt flüstert man, daß ihr Eigen-
sinn sie verhindern werde, ihrem Gesange jene Vollen-
dung zu geben, welche schließlich doch allein im Stande
ist, den Werth einer Stimme zu bekunden. Dies ist
um so bedauernswerther, weil das schöne Aeußere der
Signora Anelle ihr Auftreten auf der Bühne glücklich
unterstützen würde; denn sie ist von seltener Schönheit,
eine Juno an Gestalt, mit Haaren und Teint, welche
die Maler entzücken. Könnte man sie bewegen, zwei
Jahre einem ernsten Studium zu widmen, so unterliegt
es keinem Zweifel, daß sie unter die ersten Sängerinnen
des Jahrhunderts gehören, und einer Malibran und
Catalani ebenbürtig sein würde. — In welchem Verhältnisse sie zu Leopold steht, ist unbekannt; doch gehen
darüber allerlei Gerüchte der wunderbarsten Art.

Der Engländer las in abgebrochenen Sätzen, oft

lange nach einem Worte suchend, den Paragraphen vor,
und Frau von Gasmund hörte ihm, das Auge auf ihre
Arbeit gerichtet, mit doppelten Ohren zu. Sie wagte
keinen Blick auf Thorilde zu werfen. Diese hatte sich,
ohne daß sie es bemerkt, leise erhoben, und verschwand
aus dem Zimmer, so wie Mr. Brook schwieg. Frau
von Gasmund sagte: „Wenn wieder etwas über Leopold in der Zeitung stehen sollte; so haben Sie die Ge-
fälligkeit es mir mitzutheilen. Es würde mich freuen,
wenn er sein Glück in England machte! — Bringt
ein solches Concert viel Geld ein?"

„Das nicht, aber es macht den Namen des Künstlers bekannt. Wenn er noch fremd ist, so kostet es
ihm sogar die größte Mühe, sich in dieser Weise öffentlich hören zu lassen; und die dazu erforderlichen An-
zeigen sind sehr theuer. Es ist aber das Zeitalter der
Reclame und die Reclame ist mit dem Humbug nahe
verwandt."

„Leopold ist aber wirklich ein bedeutender Künstler!"
fiel Frau von Gasmund ein.

„Kein Zweifel!" sagte der Engländer ruhig. „Was
aber die Dame betrifft, die allem Anscheine nach noch
gar nicht singen kann; so benutzt er sie doch nur, um
die Neugierde des Publicums rege zu machen, und dadurch die Aufmerksamkeit auf sich selbst zu lenken. Sie
ist für ihn, was für Barnum die „Meermaid" und

„Washington's Amme" war; es ist ein Mittel zur Reclame."

„Meinen Sie?" fragte die Wirthin. „Es führen
freilich alle Wege nach Rom; allein dieser möchte mir
doch als Umweg erscheinen."

„Ein Umweg, der aber dem gleichen Ziele zu-
führt."

Der junge Baron hatte sich schon seit zwei Minuten unruhig im Zimmer nach Thorilden umgesehen;
auch Frau von Gasmund bemerkte jetzt ihre Abwesenheit, überging dieselbe jedoch mit Stillschweigen. Die
Fassung, welche sie in der letzten halben Stunde sich auf-
gezwungen, begann jedoch auch ihr lästig zu fallen, sie sehnte
sich nach einem Seufzer, einem Ausrufe des Schmerzes,
einem lauten Ach! So ließ sie denn die Unterhaltung,
als höflichster Ausweg, ihre Gäste zum Scheiden zu
bewegen, stocken. Diese verstanden den stummen Wink
und empfahlen sich, der junge Baron freilich mit hin-
aufgezogener Stirne und der Frage in seinen Augen:
wo bleibt Thorilde?

So wie die Thüre sich hinter ihnen geschlossen,
schenkte Frau von Gasmund ein Glas Wasser ein und
leerte es in einem Zuge. Darauf schritt sie rasch hinüber in das Zimmer ihrer Tochter. Hier war es finster.
„Thorilde!" rief sie. „Thorilde!" Keine Antwort erfolgte. „Thorilde!" wiederholte sie noch einmal mit er-

hobener Stimme, und nun war es, als ob ein Laut ihren Ruf beantwortete. Rasch flog sie zurück, und brachte die Lampe. Da erblickte sie die zarte Form des Mädchens auf ihrem Bette hingeworfen; das lange schwarze Haar hing wild über das geisterbleiche Gesicht, Blut bedeckte ihr Gewand. „Um Gottes willen, was ist geschehen?" rief sie entsetzt, setzte die Lampe nieder, knieete vor ihrem Kinde hin und umschlang es mit beiden Armen. „Meine arme Thorilde! Wie ist Dir? Was fehlt Dir?"

Das Mädchen drückte die kalten Lippen auf die Stirne der Mutter. „Aengstige Dich nicht!" sagte sie „Es ist nur mein Nasenbluten. Aber sage mir: ist es Ellena, welche in jenem Concerte gesungen hat?"

Der Mutter Schweigen bejahte die Frage.

„Wehe mir!" stieß Thorilde heraus, und ein Schrei folgte, so gellend, so schmerzlich, daß Frau von Gaßmund vor diesem Tone ihr Herz brechen fühlte, und schluchzend ihr Angesicht verhüllte. Die Thränen der Mutter lös'ten auch die der Tochter, und Beide weinten nun gemeinsam sich die Brust leicht.

———

12.

Das Damoklesschwert.

Wenige Tage nach jenem für Thcrilde verhäng-
nißvollem Abende saß Frau von Gasmund im Ange-
sichte der dem Horizonte sich zuneigenden Sonne auf
dem Neroberge an der Seite eines ältlichen Herrn, in
einer Unterhaltung vertieft. Beide schienen durch das Gespräch gleich sehr angeregt zu sein; denn lebhaft fielen sie
sich oft in das Wort, oder auch hörte der Eine und die
Andere mit aufmerksamer Theilnahme dem zu, was auf die
hingeworfene Frage mit vielem Interesse berichtet ward.

Ueber das leidend und abgespannt aussehende Gesicht von Frau von Gasmund hatte sich ein lebhaftes Roth
verbreitet; ihr Auge leuchtete.

„Wie lange haben wir uns nicht gesehen, lieber Baron; wie viele Jahre liegen zwischen damals und heute,

und doch, indem ich mit Ihnen plaudere, ist es mir, als ob wir Beide erst gestern von einander geschieden wären," sagte sie.

„Auch sind wir im Herzen noch dieselben, und werden jetzt durch das Glück unserer Kinder auf's Neue jung. Ich kann Ihnen nicht oft genug wiederholen, welche Freude mir die Bekanntschaft meines Sohnes mit Ihrer Tochter gewährt hat! Ist es doch, als ob der Himmel es so gefügt hätte, daß sie gerade hier zusammentreffen mußten! Als er mir von dem Begegnen mit der schönen Thorilde von Gasmund schrieb, mich fragte, ob die Mutter nicht zu meinen Bekannten gehöre und mich um eine Empfehlung an Sie bat, fiel mir eine Centnerlast vom Herzen; denn der Aufenthalt an einem Badeorte, wo eine Spielbank ist, hat stets seine Gefahr für einen jungen Mann, und nicht ohne Sorge wußte ich ihn in der gefährlichen Nähe."

„Aber Baron Ludolf spielt nicht, so viel mir bekannt ist?"

„Er spielt nicht, nein; mais, que voulez vous, chère amie? Die Tasche gefüllt, Credit überall, und der ganze lange Tag vor sich; wie leicht läßt man sich dann verleiten, einen Versuch zu machen und il n'y a que le premier pas, qui coûte. — So kann ich dem Himmel nicht genug danken, daß er ihm diese Leidenschaft sandte, die ihn vor einer schlimmeren bewahrte."

„Warum aber, wenn Sie solche Besorgniß hegten, gestatteten Sie ihm nach Wiesbaden zu gehen?"

„Ich es ihm gestatten?" lächelte der Baron. „Meinen Sie denn, daß er meine Erlaubniß dazu eingeholt habe? — Er ist ein verzogenes Kind, wie ich Ihnen schon sagte. Als letzter Erbe seines Stammes war er uns so werth, daß wir nicht daran dachten, ihm etwas versagen zu wollen. Ein ernstes Wort hat er nie von uns gehört. — Wo er nicht gutwillig verzichtete, gaben wir nach. Denken Sie nur an die entsetzliche Aussicht, unser Stammgut in die Hände von Lehnsvettern fallen zu sehen, die wir haßten, wie sie uns! die auf unsern Tod warten! Hätte ich Ludolf verloren, so würde ich mich von meiner Frau haben trennen müssen, um eine zweite Heirath, eines Erben halber, einzugehen, und ich gestehe es, oft schon hatte ich diese Möglichkeit in das Auge gefaßt; denn er war ein kränkliches Kind von zarter Constitution, für dessen Leben man stets zitterte."

„Dennoch ließen Sie ihn Militairdienste nehmen?"

„Weil er es wollte. Gottlob! Auch damit ist es jetzt vorbei! Er wird seinen Abschied nehmen und mit seiner jungen Frau unser Stammschloß, dessen einen Flügel ich für ihn einrichten lasse, bewohnen."

Sollte man die jungen Leute nicht lieber sich selbst überlassen?"

„Wohin denken Sie, meine verehrte Freundin! Als

ob meine Frau und ich störend in deren Leben eingreifen würden! — Nein! Nein! Davon kann keine Rede sein. Sie sind ganz von uns unabhängig. Sie können thun, was sie wollen. Während des Winters lebe ich überdem mit meiner Frau in Paris, letztere läßt sich dort von dem Grafen Zapary magnetisiren, denn sie leidet an einem Nervenübel, das solche Behandlung erfordert; kommen wir im Frühling zurück, so erscheinen wir wie Gäste."

„Thorilde erhält, wie schon gesagt, die Zinsen Ihres väterlichen Erbtheiles," nahm Frau von Gasmund das Wort, „und nach meinem Tode mein sämmtliches Vermögen, welches ich ihr testamentlich zusichern werde."

Der Baron verneigte sich.

„So wenig ich eigentlich bei meiner Schwiegertochter auf Vermögen sehen möchte," sagte er dann, wie überlegend, „so ist bei dem Aufwande von zwei Familien doch nothwendig, daß mein Sohn keinem unbemittelten Mädchen seine Hand reiche. Ich bin also auch in diesem Punkte sehr mit seiner Wahl zufrieden. Lieb wäre es mir nun freilich noch, wenn die Mitgift als Hypothek auf meine Güter eingetragen werden könnte, weil die Schuldenlast zu vermindern ein Vortheil ist."

„Ich kann darüber nichts bestimmen, ohne mit dem Vormunde Rücksprache zu nehmen."

„Und dann noch ein kleiner Punkt: — Der Fall Ihrer Wiederverheirathung."

„Wie, Sie sagen das im Ernste?" fragte sie
lächelnd.

„Warum nicht? — Wenn Sie jetzt allein stehen,
werden Sie Ihren Bewerbern ein geneigteres Ohr leihen,
und eine Wittwe von Ihren Jahren, Ihrem Aussehen und
Ihrem Vermögen wird deren zahllose in Ihre Nähe
ziehen."

„Noch einmal, lieber Baron! Ich glaube, daß Sie
scherzen. Wenn Sie aber im Ernste sprächen, so könnte ich
jede Möglichkeit der Art durch den Zustand meiner Gesundheit, der mich auf kein langes Leben rechnen läßt, nie-
derschlagen."

„Das ist vorübergehend! Angegriffene Nerven verkürzen das Dasein nicht, ich habe den Beweis davon in
meiner Familie vor Augen."

„Ich bin aber auch sonst durchaus nicht geneigt,
mir neue Fesseln anzulegen," gab sie hierauf lächelnd zurück, „und werde, wenn Sie meinem Worte nicht glauben,
in mein Testament setzen, daß Thorilde auch für den Fall
meine alleinige Erbin bleibe und ich durch kein Codicill
diesen Entschluß zurücknehmen würde."

„Das nenne ich einsichtsvoll jeder Besorgniß von
meiner Seite den Kopf abschneiden," sagte der Baron,
ihr seine Hand befriedigt bietend. „Somit wären wir denn
einig. Auch für die weibliche Nachkommenschaft ist dadurch gesorgt; es sei denn, das junge Paar setzte uns

ein Dutzend Mädchen in die Welt, und das will ich zur
Ehre Gottes und unserer Familie nicht hoffen. Je weniger Töchter, je besser; freilich sind auch viele Söhne für
eine alte Familie ein schwer zu bewältigendes Gut."

„Wenn man die rechte Zahl nur bestellen könnte!"
fiel Frau von Gasmund mit lächelndem Spotte ein. „Aber
wir müssen wohl aufbrechen! Es wird feucht, und die
Abendluft möchte Ihrem Rheumatismus nicht zuträglich
sein, lieber Baron. Wo aber sind die Kinder?"

Diese waren den Hügel hinabgegangen, um am Ufer des
Baches Vergißmeinnicht zu pflücken, und dabei hatten sie sich
weiter und weiter entfernt. Ludolf sammelte die Blumen in
seinen Hute, und als dieser gefüllt war, setzten sich Beide auf
einen Baumstamm und Thorilde wand Kränze, wozu er
ihr die Blumen einzeln hinreichte. Das murmelnde Wasser, das Säuseln hoch oben in den Zweigen, die Stille
ringsum that dem Mädchen wohl. Es beruhigte sie. Wer
sie genau kannte, dem entging es nicht, daß die Blässe ihrer
Wangen, die festgeschlossenen Lippen, die oft gesenkten
Wimpern einen tiefen Seelenschmerz verbargen.

Ludolf plauderte von seiner Heimath; sie lächelte,
nickte, gab eine halbe Antwort, die feinen Finger zierlich
bewegend; er war zufrieden, daß sie ihm zuhörte, und see-
lenvergnügt. Endlich waren die Blumen alle verbraucht,
und sie standen auf. Dabei glitt Thorilde aus, und wenig
fehlte, so wäre sie in den Bach gefallen; allein Ludolf's

Arm fing sie noch bei Zeiten auf, und mit aller Kraft zog er sie auf den Rasen empor. „Stehen Sie nun fest?" sagte er und sah sie zum ersten Male, seit er sie kannte, befangen an. „Ja, erwiederte Thorilde, „aber mein rechter Fuß schmerzt. Ich habe ihn verstaucht."

„Um des Himmels willen! Was soll nun werden!" rief er erschreckt. „Tragen werde ich Sie nicht können. Der Pfad ist so schmal und dazu so schlüpferig."

„Geben Sie mir Ihren Arm! Ich stütze mich darauf, und hinke fort, bis wir den Wagen erreichen," versetzte sie ruhig.

Sie machte sich wenig aus körperlichen Schmerzen, denn sie kannte schon den schlimmeren der Seele. Langsam freilich, und oft stehen bleibend, um zu der Anstrengung neue Kräfte zu sammeln, ging sie ohne Klage weiter; sie belächelte mitunter sogar ihren hülflosen Zustand.

So erreichten sie denn spät den Fahrweg, wo Ludolf, sobald es geschehen konnte, die Equipage herbeiwinkte und sie hinein hob, dann aber athemlos, um die Kunde des Unfalls zu überbringen, den Berg hinauf eilte. Er traf seinen Vater und Frau von Gasmund schon im Herabsteigen begriffen und nach ihnen aussehend; Beide beschleunigten, seit die Ursache ihres Zögerns gehoben war, den Schritt. —

Thorilde nahm nun die Tiefe des Wagens ein und

legte den kranken Fuß auf den Rücksitz, neben Ludolf, der
kein Auge davon abwandte; denn er glaubte nie etwas so
Zierliches gesehen zu haben. Das Gelenk fing an zu schwel-
len. Er schrie dem Kutscher wiederholt zu, er solle jagen,
was die Pferde laufen könnten, es komme nicht darauf an,
ob sie stürzten.

„Wären es die Deinigen, so würdest Du solche Befehle nicht ertheilen," bemerkte der Vater lächelnd; „doch
solltest Du billiger Weise auch auf mein Eigenthum Rücksicht nehmen."

„Wenn die Pferde stürzen, bleiben wir ja auf dem
Wege liegen," sagte Thorilde lächelnd. Doch rührte sie
seine Ungeduld. Ihrem blutenden Herzen war jeder
Liebebeweis jetzt ein Balsam.

Als man vor der „Rose" hielt, sprang Ludolf aus dem
Wagen und sandte Boten nach Aerzten aus. Indessen wurde
Thorilde die Treppe hinauf in ihr Zimmer getragen. „Du
hast, wie ich höre, alle Doctoren von Wiesbaden beschieden?" fragte ihn sein Vater, welcher wie die meisten un-
vorsichtig mit ihrem Leben umgehenden Weltleute von
Gicht etwas gelähmt, langsam die Treppe hinaufstieg,
und dem Sohn darauf im Salon begegnete. „Ein einziger
Wundarzt wäre nützlicher gewesen, wie das ganze Col-
legium."

„Es ist besser, daß zu viele kommen, wie kein Einziger," versetzte Baron Ludolf, mit aufgezogener Stirne

und einer Miene, als ob die Welt im Sichvernichten begriffen
sei. Unruhig lief er im Zimmer auf und ab. Sein Vater
ließ sich indessen auf dem Sopha nieder und gähnte.

„Ich habe in Deinem Interesse mit Frau von Gasmund gesprochen, und sie meinen Wünschen geneigt gefunden," begann er nach einer Pause. „Sobald ich eine
schriftliche Sicherheit in Bezug auf das Vermögen des
jungen Mädchens in Händen habe, können wir förmlich
um sie anhalten und Deine Verlobung mit ihr feiern. Bis
dahin aber, Rudolf, kein Wort! Hörst Du, kein Wort! Laß
Dich zu keiner compromittirenden Erklärung bewegen. Ver-
gegenwärtige Dir die auf unsern Gütern ruhende Schuldenlast und schweige. Frauen sind wankelmüthig. Was sie
mündlich gegen mich geäußert, ist nicht bindend. In Deinem
und meinem Interesse warne ich Dich neutral zu bleiben,
bis ich etwas Schriftliches in Händen habe."

Rudolf hatte von der ganzen Rede seines Vaters kein
Wort vernommen, er dachte an Thorildens kleinen schwel-
lenden Fuß, und fragte, ob noch kein Arzt vorfahre. Als
Frau von Gasmund jetzt in das Zimmer trat, stürzte er
auf sie zu. „Wie geht es ihr, gnädige Frau?" rief er voll
Sorge. „Ist noch keine Hülfe da? — Man wird den
Fuß doch nicht abnehmen! Mein Gott! Wenn man ihr
den kleinen hübschen Fuß abnehmen müßte?"

„Nein, nein!" sagte Frau von Gasmund beruhigend; „von Abnehmen ist keine Rede... Sie liegt auf

einer Chaise longue und hat einen warmen Verband um,
der ihre Schmerzen lindert. Es wird so schlimm nicht
werden."

„Kann ich sie denn gar nicht zu sehen bekommen? —
Wird sie nun in ihrem Zimmer bleiben, bis der Fuß hergestellt ist?" fragte er mit weinerlicher Stimme.

„Auch das nicht! — So wie der Arzt sie verlassen hat,
tragen wir die Chaise longue mit ihr in den Salon und
sie trinkt den Thee mit uns."

Baron Ludolf warf sich auf dies Versprechen in ihre
Arme, und überhäufte sie mit Liebkosungen. Dann tanzte
er im Zimmer umher, lachte, sang; endlich fielen ihm die
Vergißmeinnichtkränze ein und er lief hinaus sie zu holen,
legte sie auf Teller, begoß sie mit Wasser, und stellte sie
auf einen Nebentisch, wo sie Thorildens Augen begegnen
konnten.

„Mit der Schweizerreise wird es nun wohl nichts
sein," bemerkte sein Vater dazwischen. „Statt dessen kommt
sie vielleicht mit nach Rheinfeld, und lernt Deine Mutter
kennen. Gebe nur Gott, daß sie deren Beifall habe!" setzte
er mit Gewicht hinzu.

„Mama's Beifall!" rief Baron Ludolf. „Vor dem
bangt Dir? Man müßte ja kein Körnchen Geschmack haben,
wenn Thorilde ihr nicht gefiele!"

„Wenn sie sie mit Deinen Augen betrachtete, freilich!
Aber Deine Mutter macht ihre eigenen Ansprüche an die

Schwiegertochter. Woran ihr ganz besonders viel liegt, ist ein alter Name."

„Hat Thorilde nicht einen alten Namen? Und wenn sie auch keinen hätte, mir wäre es gleichviel; sie oder keine!"

„Ja, ja! So redet man in seiner Jugend, hab's auch wohl gethan, aber schließlich überlegt man sich die Sache doch. — Die Gasmund's sind kein übles Geschlecht; man verscherzt in seiner Stellung nichts durch eine Verbindung mit ihnen; jedoch. . . ."

Er hielt zögernd ein.

„Nun, was ist es mit Deinem jedoch, Papa?" fragte der Sohn gelangweilt.

„Ich meinte nur, daß man dennoch ein Auge zudrücken müßte. Du bist indessen noch zu jung, um viel mit Dir über die Sache zu reden."

„Ich mag auch gar nichts davon wissen," sagte Baron Ludolf und öffnete zum zehnten Male, um nachzusehen, ob Thorilde immer noch nicht erscheine, die Thüre.

Frau von Gasmund sandte noch in später Nacht eine telegraphische Depesche an den Vormund nach Berlin und beschied ihn schleunig zu sich nach Wiesbaden. Sie war der Meinung, man müsse das Eisen schmieden, so lange es warm sei und so schmiedete sie denn mit ganzem Eifer. Allen Privatunterhaltungen mit dem Barone wich sie von da an sorgfältig aus, wußte es mit feinem Tacte immer so einzurichten, daß er sich nie unter vier Augen mit ihr befand, und schon am zweiten Tage traf der Staatsanwalt ein, in dessen Beisein nun sogleich das Geschäftliche geordnet wurde. Da sie sich zu jedem Opfer, welches die in Aussicht gestellte Verbindung ihr abfordern konnte, bereit zeigte, so war schnell Alles abgemacht. Der Vormund fragte sie dann heimlich freilich: ob sie dem Baron bereits jeden Aufschluß über die Mutter Thorildens gegeben habe; da sie aber erwiederte, daß keine Frage in Bezug auf diese an sie gerichtet worden sei und sie dem Anderen nicht aufdringen wolle noch könne, was er zu wissen nie verlangt habe, so beruhigte er sich bei diesem Bescheide der weltklugen Frau.

Der Staatsanwalt fand sein Mündel außerordentlich verändert, es erschien ihm größer und älter, und in den wenigen Wochen, seit er es nicht gesehen hatte, auf erstaunliche Weise gereift zu sein. Er fand es bleich freilich; aber sonst ruhig, gefaßt. Wer sie nicht genau kannte, hätte nie bemerkt, daß ein Wurm an dieser Blüthe nage. Sie schien es zu wissen, daß er in ihrem Innern zu lesen wünsche; denn so oft er sein Auge auf das ihrige richtete, deckte sie es mit den langen schwarzen Wimpern.

„Ich werde morgen früh mit Thorilden über ihre Verbindung mit dem jungen Barone Rheinfeld sprechen," sagte Frau von Gasmund spät am Abend zu dem Vormunbe. „Sie muß es von mir zuerst erfahren, um gefaßt zu sein, bevor er mit seinem Antrage vor ihr erscheint."

„Sie weiß demnach noch nichts davon?" fragte er verwundert. „Ich glaubte, sie sei im Einverständnisse; denn in dieser Weise über ihre Zukunft zu verfügen, scheint mir doch hart."

„Was wollen Sie?" fiel Frau von Gasmund empfindlich ein. „Bleibt dem Mädchen denn noch eine Wahl? — Hat sie nicht ihr Glück muthwillig verscherzt und hat es schließlich nicht die Schwester noch für sie gethan? — Ich versichere Sie, daß ich Ellena's wegen in einer steten Aufregung bin; denn wie leicht könnte diese alle meine Pläne durchkreuzen!"

„Aber wie so?!"

„Wenn sie käme! Wenn sie unerwartet zurückkehrte und an meine Thüre klopfte! Gleichviel ob ich sie ihr öffnete, gleichviel, ob nicht; immer würde die Welt davon unterrichtet werden, daß sie von mir erzogen sei und Schande auf meinen Namen gebracht habe. Die ewige Angst, in der ich lebe, wird mich noch tödten. Kein Zeitungsblatt nehme ich in die Hand und ich glaube ihren Namen zu lesen. Es klopft an meine Thüre und ich zögere mit dem Herein! weil mein Auge sie im Geiste sieht. Jedes ungewohnte Geräusch läßt mich zusammenfahren; denn ich fürchte, es sei die Kunde von ihr. Wenn ich so fortleben sollte — nein! — Zehnmal lieber sterben!"

„Sie sind nervös, gnädige Frau. Sie lassen sich von Einbildungen beherrschen, wo sie dem, was ist, muthig die Stirne zu bieten hätten. Es wird Ihnen eine ernste Krankheit zuziehen, wenn Sie dieser Aufregung nicht Einhalt thun. Ich werde gleich bei meiner Rückkehr mit dem Geheimrathe Ledebuhr darüber sprechen; er muß hier einschreiten."

„Wenn Thorilden's Hochzeit gefeiert ist, wird mir besser zu Muthe werden," sagte sie niedergeschlagen, „aber bis dies Ziel erreicht ist, hilft mir kein Arzt und keine Arzenei, hilft mir nur Gott. — Es würde mich wahnsinnig machen, wenn ich des Kindes Ruf in irgend einer Weise gefährdet sähe, oder seine Ansprüche an das Leben durch Ellena's Thorheit vernichtet würden."

„Das haben Sie gottlob ja nicht zu fürchten," fiel der Staatsanwalt beruhigend ein." Wenn sie einwilligt des jungen Baron's Gattin zu werden, so sind Sie über alle Sorge hinaus. Die Hochzeit können Sie ja, um Ihren Nächten den Schlaf zurückzugeben, feiern, sobald Sie wollen."

Sie trennten sich. —

Frau von Gasmund hatte in der Nacht einen sehr unglücklichen Traum; sie sah sich selbst im Sarge, und erwachte unter den Schauern des Todes. Um sich blickend, gewahrte sie das erste Morgengrauen, und der Hahnenschrei verkündete den erwachenden Tag. Sie fühlte nach ihrem

Pulſe und fand ihn fieberhaft erregt. „Ellena! Ellena!"
murmelte ſie in ſich hinein; „Du mordeſt Deine zweite
Mutter! Ich habe das nicht um Dich verdient!"

Gewöhnlich frühſtückte ſie auch auf der Reiſe allein;
heute jedoch ließ ſie den Kaffee in Thorildens Zimmer
tragen und dieſer ſagen, daß ſie gleich nachfolgen würde. —
Ein ſolches Unterbrechen der angenommenen Weiſe hatte
ſtets etwas zu bedeuten; Thorilde wußte das und ſah
ihrem Kommen ſchon mit Erwartung entgegen. Auch
zögerte ſie nicht mit dem ihr auf dem Herzen ruhenden
Thema.

„Du ahnſt wahrſcheinlich, weshalb ich ſo früh zu
Dir gekommen bin, mein Kind!" begann ſie, ſobald die
Thüre ſich hinter der Jungfer geſchloſſen. „Du weißt um
die Bewerbung des jungen Rheinfeld, die Ankunft von
deſſen Vater, ſo wie die Deines Vormundes wird Dir
geſagt haben, was im Werke iſt; ich brauche Dir alſo
nur mitzutheilen, daß alle etwaigen kleinen Schwierigkeiten gehoben ſind und Baron Rudolf ſich heute gegen
Dich erklären wird. Du ſollteſt vorbereitet ſein, Dich im
Voraus faſſen, das ernſte, ſchwere Ja, welches über Deine
ganze Zukunft entſcheidet, auszuſprechen; Du ſollteſt noch
einmal den Schritt erwägen, bevor Du ihn thuſt."

Thorilde war bei dieſer Anrede ihrer Mutter erſt
roth, dann bleich geworden, und ein leiſes Zittern ſtahl

sich durch ihre Glieder und theilte sich auch ihrer Stimme mit, als sie antwortete:

„Wozu erwägen, Mutter, wenn Du das Ja voraus- setzest?"

„Man wird in sich selbst ruhiger, wenn man sich überzeugt hat, es müsse so sein; ob Du diese Ueber- zeugung in Dir trägst, frage ich Dich nun?"

Sie zögerte mit der Antwort.

„Mir ist es im Grunde gleichgültig, was mit mir geschieht?" sagte sie dann, das bleiche Haupt in die kleine Hand stützend.

„Diese Stimmung in Deiner Lage ist mir erklärlich, mein Kind. Ich weiß, daß Du leidest, viel leidest! Die Zeit erst wird Dir Linderung bringen. Gern hätte ich Dir verheimlicht, daß Ellena mit Leopold in London lebt; allein —"

„Ich bitte Dich, Mutter," fuhr Thorilde auf, „sprich davon nie mit mir, nie! — Nenne nie einen dieser Namen in meiner Gegenwart! — Ich ertrage es nicht, wie eine gleichgültige Thatsache von dem gesprochen zu hören, was mich rasend machen könnte! — Laß mich es ausschweigen! Ausschweigen will ich es, kann ich es, aber Stille — Grabesstille lege sich, auch unter uns darauf."

„Wie Du willst, mein Kind!" erwiederte Frau von Gasmund, durch die an ihr ungewohnte Heftigkeit er-

schreckt. „So reden wir also nur von der Zukunft. —
Mein Leben steht auf wankenden Füßen; um so mehr
wünsche ich für Dich eine Stellung, eine Stütze, und
Beides findest Du als Gattin des Baron Ludolf. —
Du hegst gegen ihn keine Abneigung. Du bist ihm schwe-
sterlich zugethan; er liebt Dich unbeschreiblich; er ist jung,
und was ihm an Bildung fehlt, wird er nachholen; Du
kannst ihn Dir ziehen, kannst aus ihm machen, was Du
willst. Es bietet sich Dir ein schöner Wirkungskreis; mit
dem neuen Namen wird das Leben eine neue heiterere
Seite für Dich gewinnen, Du brauchst dann vor keinem
Leumund, keiner gehässigen Nachrede mehr zu zittern. Du
verstehst mich, mein Kind? — Um Dich nicht zu verletzen,
will ich nicht deutlicher reden.“

„Ich verstehe Dich, Mutter, und bin entschlossen Ludolf meine Hand zu reichen,“ versetzte Thorilde mit eisiger
Kälte. „Sage mir aber Eins, ist die Familie, welche mich
aufnehmen soll, von allen Beziehungen der unseren unterrichtet?“

„So weit sie hat unterrichtet sein wollen, gewiß! Wir
sind keiner Frage ausgewichen; haben aber auch Niemand
eine Mittheilung, die man nicht gewünscht, in das Gesicht
geschleudert. Ludolf ist zu jung, um sich aus dergleichen
etwas zu machen. Der alte Baron hat mich vor meiner
Verheirathung gekannt, und es ist anzunehmen, daß er
über die Verhältnisse der Brüder von Gasmund unter-

richtet sei; wenigstens vermuthe ich es nach der schonenden
Weise, womit er über manches hinweg ging. Was können
wir nun mehr thun, als schweigen, wo wir zum Reden
nicht aufgefordert werden?"

„Aber — wenn mir später ein Vorwurf daraus gemacht würde, Mutter?"

„Dir? — Nur mich könnte ein solcher treffen, denn
ich habe den Heirathscontract mit dem Vater geordnet.
Dieser wünscht die Partie. Du scheinst ihm für seinen Ludolf wie geschaffen. Soll ich ihm nun seine Freude dadurch verderben, daß ich Makel an unserm Stammbaume
hervorhöbe, die er zu kennen nicht gefordert hat? — Das
hieße ja seine eigene Ehre an den Nagel hängen."

Thorilde schwieg; aber mit einem tiefen Seufzer. Sie
wußte den Gründen der Mutter nichts entgegen zu setzen;
und dennoch sprach ein leises Etwas in ihrer Brust den be-
ruhigenden Worten derselben Hohn. Der Arzt wurde gemeldet und verhinderte eine weitere Erörterung. Er rieth
ihr sich auf eine Krücke zu stützen, und auf dem Balcon die
frische Luft zu genießen; denn er schob ihre tödtliche Blässe
auf den verschlossenen Raum. Auch Frau von Gasmund's
Befinden schien ihm bedenklich. „Die Luft hier bekommt
mir nicht," entgegnete diese. „Veränderung des Ortes wird
meine beste Arzenei sein."

Als Baron Ludolf eine Stunde später erschien, fand
er Thorilde unter hohen Oleanderbäumen, in der frischen

Luft sitzend. In ihrem durchsichtigen weißen Kleide, zwischen dem dunklen Grüne, glich sie einer Nymphe, einer Fee und keinem irdischen Wesen. Der große Hund sprang wedelnd zu ihr hin, leckte ihre feinen Hände, und legte sich, als sie ihn streichelte, zu ihren Füßen. Dort knieete auch sein Herr gleich darauf. „Darf ich hier immer bleiben, immer?" fragte er sie. „Wollen Sie mich neben sich dulden, Thorilde? — Ich will Alles thun, was Sie wünschen; wenn Sie Ja sagen."

Sie lächelte und legte die Hand auf sein dickes, blondes, lockiges Haar.

„Seien Sie mir, was dieser Hund Ihnen ist und ich bin zufrieden; treue Anhänglichkeit ist die von mir am höchsten geschätzte Eigenschaft," sagte sie mit bewegter Stimme.

Er sprang empor und tanzte lustig im Zimmer umher. „Jetzt bin ich der glücklichste Mensch auf der Welt!" rief er jubelnd. „Nun laufe ich aber gleich zu meinem Papa und erzähle ihm, daß Alles richtig ist."

Feierlicher lautete die Anrede des alten Barons, als er Thorilde an seine Brust zog, sie Tochter nannte und ihr einen kostbaren Schmuck zum Angebinde überreichte. Sie setzte das Etui bei Seite. Vater sollte sie ihn nennen, Vater! Wehmüthige Nachklänge weckte das Wort in ihrer Brust, was ihr das Leben Schmerzliches brachte. hatte seinen Ursprung in diesem Namen. Man speiste, der Vor-

211

mund mit ihnen; man trank die Gesundheit des jungen
Paares und entwarf heitere Zukunftspläne. Frau von
Gasmund willigte ein, so wie Thorildens Fuß es gestatte,
nach Schloß Rheinfeld zu kommen, und dort bis zur Hochzeit des jungen Paares, die in höchstens zwei Monaten
stattfinden sollte, zu verweilen. So oft der Baron von diesen zwei Monaten sprach, that sie einen langen Athemzug.
Zwei Monate würde ihr Leben schon noch aushalten,
hoffte sie. —

Der Staatsanwalt wollte mit dem Abendzuge nach
Berlin zurückkehren; Frau von Gasmund schrieb nach
Tische einige Briefe, die er zu besorgen übernommen hatte.
Baron Ludolf begleitete seinen Vater auf einem Spazier-
gange; der Vormund setzte sich indessen zu Thorilden, die
er, seit er hier war, noch nicht ohne Zeugen gesehen hatte,
nahm ihre kleinen Hände in die seinigen und sagte, ihr
theilnehmend in die dunkeln Augen blickend: „Haben Sie
den Entschluß, dem Baron Ludolf Ihre Hand zu reichen,
auch wirklich aus eigenem Antriebe gefaßt? — Versprechen
Sie sich auch Glück von Ihrer neuen Lage? Gezwungen
sind Sie zu nichts. — Der Freund Ihres seligen Vaters
wird zu allen Zeiten Ihr Beschützer und Beistand sein.
Mein Haus nennen Sie Ihre zweite Heimath. Nicht die
Wünsche Ihrer Pflegemutter dürften Sie daher bestimmen;
sondern nur die eigenen. Sie sehen für eine glückliche
Braut zu bleich aus.“

14*

Diese aus dem Herzen kommenden, mit weicher Stimme gesprochenen Worte beraubten sie der mühsam behaupteten Fassung. Sie sah ihn eine Minute lang an, dann neigte sie ihr Haupt auf seine Hände herab und weinte bitterlich. Er zog seine Rechte hervor und streichelte sanft ihr schwarzes Haar. „Wir können ja Alles noch rückgängig machen," flüsterte er in ihr Ohr. — Sie sah ihn durch ihre Thränen lächelnd an und erwiederte mit verneinender Bewegung des schönen Hauptes: „Nimmermehr würde ich der, die meine Kindheit behütet, diesen Kummer verur-sachen! Genug daß Ellena ihr Herz brechen mußte!" Und wieder ihr Haupt senkend, flüsterte sie unter neu hervor-brechenden Thränen: „Ich erfülle eine Pflicht — ich zahle die Schuld der Dankbarkeit. Darin liegt auch ein Glück. Freund meines Vaters, segnen Sie sein armes Kind!"

Der Staatsanwalt nahm das kleine Haupt zwischen beide Hände, hob es empor, und hauchte einen Kuß auf ihre Stirne: „Gott sei mit Ihnen!" sagte er und ver-schwand von Rührung überwältigt aus dem Zimmer.

Als der Baron Rheinfeld diesen Abend etwas ver-spätet zum Thee sich einfand, sagte er zu Frau von Gas-mund: „Ich habe an der Spielbank einen alten Bekannten getroffen, den General von Bonin, und bin von ihm länger, als ich wollte, in Anspruch genommen worden. Er kennt Sie, wie er sagt. Apropos, er fragte mich, ob Fräulein Ellena von Gasmund auch mit hier sei; — ein wunderbar schö-

nes Mädchen, wie er sich vernehmen ließ. Sie haben mir
von dieser ja nie gesprochen? Wer ist denn das?"

Frau von Gasmund's Kniee wankten. „Die Tochter
meines Schwagers. Sie ist zu ihm gegangen," sagte sie
mit abgewandtem Gesichte und lenkte die Unterhaltung
schnell auf ein anderes Capitel. —

13.

Ein Morgenconcert in London.

Der Juli schmückte die Erde mit Rosen und die vornehme Welt Englands stand auf dem Punkte London zu verlassen, um, nachdem der Frühling mit seinem Reize solchen Vergnügungen, welche sonst nur dem Winter angehören, geopfert war, den Sommer auf dem Lande zu genießen. Lady Ashburton wollte ein letztes Mal in Bath-house ihre Freunde zu einem Morgenconcerte bei sich versammeln und hatte darum, was in der Künstlerwelt an Notabilitäten anwesend, mit schwerem Golde zu gewinnen gesucht; denn in einer Stadt von zwei Millionen Einwohnern herrscht auch in dem Punkte eine von uns ungekannte Concurrenz und nichts kostet einer großen Dame mehr Mühe, als ein solches Fest, dessen

Kostenaufwand mindestens auf 3000 Thaler sich be-
läuft, anzuordnen.

Die Mittagssonne brannte heiß auf die Scheitel
herab, als die Wagen in Piccadilly einbogen und sich
in eine Linie reihten, um nach und nach den Glanz
der reizendsten Morgentoiletten aus ihrem Innern ent-
schlüpfen zu lassen. Nicht etwa, als ob nur weibliche
Gäste sich eingefunden hätten, denn in England giebt es
keine Versammlungen von Frauen; allein die Herren
kommen am Morgen nicht immer in deren Begleitung,
weil ihre Clubs und mancherlei Beschäftigungen sie gleich
nach dem Frühstücke dem Hause entführen, und sie dann
bei solchen Gelegenheiten an dem bestimmten Orte mit
ihren Damen zusammentreffen. So kamen deren viele
auch heute in einer Droschke gefahren, sprangen an der
Ecke einer Straße heraus und legten zu Fuß den Rest
des Weges zurück. Andere auch hatten sich nicht einmal eines solchen Fuhrwerkes bedient. Gepuderte Diener
standen auf dem Hausflure, und wiesen die Ankommen-
den den Weg zur Treppe, auf deren Höhe ihnen ihr
Name abgefordert ward, welcher nun mit lautem Rufe
ihnen voraus in den Salon ertönte, wo die in schwerer
weißer Seide gekleidete Wirthin stand, und ihre Gäste,
jedem die Hand reichend, mit dem üblichen „How do
you do!" willkommen hieß.

Die Künstler waren eine andere Treppe hinauf

in den nach dem Hofe hinausgelegenen Mufiksaale geleitet worden, welchen die Gesellschaft mit Beginn des
Concertes betrat. An diese Absonderung von den Gästen
haben sie zu allen Zeiten Anstoß genommen. Auch an
unseren deutschen Höfen herrscht diese Einrichtung, und
hier, wie in der Fremde, wissen die Söhne und Töchter
des Apollo sich nicht darin zu schicken. Sie wittern
eine Beleidigung, wo solche nicht beabsichtigt ist; sie
wissen den Künstler nicht von dem Menschen zu trennen.
Wären sie als Gäste geladen, so würden sie es eine
Belästigung nennen, wenn sie zur Unterhaltung der Gesellschaft durch ihr Talent beitragen sollten, und wiederum dürfte man sie als Gäste für eine erwiesene
Gunst nicht mit Geld belohnen wollen. Warum also
nicht sagen: „Ich gebe Euch meine Waare, Ihr gebt
mir Euer Geld und wir sind quitt.“

Lady Ashburton hatte den versammelten Herren und
Damen für ihre heutige Leistung den höchsten Preis be-
willigt, sie hatte deren Minuten mit Gold aufgewogen;
dennoch befanden sich alle in einer mehr oder weniger ge-
reizten Stimmung. Sie standen in Gruppen umher
und besprachen ein gedruckt vorliegendes Programm, das
den Gästen bei ihrem Eintritte in den Saal mitgetheilt
werden sollte. Etwas an diesem schien ihnen zu mißfallen,
sie lachten und spotteten, sie steigerten dies zu beißenden
Ausfällen. Dabei warfen die Damen einem großen

Wandspiegel Seitenblicke zu, ihre Toilette war also in dem hervorzubringenden Effecte mit berechnet.

Lady Ashburton zeigte sich jetzt am Eingange des Musikzimmers. Es schien noch Jemand zu fehlen an dem dort harrenden Personale; doch hatte die zum Concerte anberaumte Stunde bereits geschlagen. Ihre Stirne umwölkte sich. „Es wäre zum Verzweifeln, wenn man mir nicht Wort hielte," sagte sie zu einem neben ihr stehenden Herrn. „Was fange ich nur an? Ob ich das Programm umändere? Ob ich mit der zweiten Nummer, dem Violin-Concert von Ernst, anfangen lasse?"

Indem erhellte sich ihr Gesicht. Es waren soeben noch zwei Personen eingetreten, ein blonder, schmächtiger, junger Mann mit langen bis auf die Schultern glatt herabhängendem Haare à la Liszt und eine junge Dame von außerordentlicher Schönheit. Kaum hatte der neben Lady Ashburton stehende Herr sein Auge auf diese geworfen; so trat er erbleichend einen Schritt vor und ein Ausruf des Erstaunens schwebte auf seinen Lippen; schnell aber, des Ortes eingedenk, faßte er sich und richtete einen großen und fragenden Blick auf die Dame des Hauses, in welchem geschrieben stand, ob denn sie nicht durch die Erscheinung dieser jungen Künstlerin eine Erinnerung erweckt sähe? — Allein Lady Ashburton war für die Beredsamkeit der Mienen in diesem wichtigen Momente nicht zugänglich;

sie sah unruhig und zerstreut umher und verschwand gleich darauf von seiner Seite.

Die Gäste drängten sich nun durch die Thüre, die Wirthin suchte den Vornehmsten unter ihnen die besten Plätze zu verschaffen, und der Fremde verlor sich, weil die Herren jetzt den Damen Platz machen und zurückstehen mußten, im Hintergrunde.

Während der Zeit hatte nun auch das Künstlerpersonal sich, dem Programm entsprechend, geordnet; der zuletzt eingetretene blonde junge Mann nahm am Flügel Platz — und spielte ein Concertstück von seinem Meister Liszt, welches allgemeine Bewunderung erregte. Auf ihn folgte Ernst mit seiner Violine, und Nr. 3 des Programms lautete auf die Gnadenarie, gesungen von Signora Anella. Als diese vortrat, sich verneigte, und nun ihre volle, metallreiche Stimme durch den Saal sandte, drängten sich alle Herren aus dem anstoßenden Zimmer in die Saalthüre und von Mund zu Mund hörte man flüstern: how beautiful she looks!

Man konnte auch in der That keine gewinnendere Erscheinung sehen. Wie eine Königin stand sie da; ihr Gruß voll Anmuth und Würde erhob sie in den Augen der Damen sogleich zur Lady, während die Herren fragten, unter welchem Himmel dieses reiche rothbraune Haupthaar, welches in dicken Flechten über der blendend weißen Stirne lag, und diese, herrliche, üppige Gestalt einer Juno das Ge-

deihen gefunden haben möge. Ihr Auge hatte Anfangs auf
dem Notenblatte in ihrer Hand geruht; man sah dabei die
Wimpern wie tiefe Schatten über den Wangen, unter den
hochgewölbten schwarzen Brauen; jetzt schlug sie es empor und zeigte dessen sammetgraue Tiefe; der Mund lächelte
in die Wangen zwei leichte Grübchen, und entblößte dabei
hinter den korallenrothen Lippen die schönsten Zähne; man
hörte nicht mehr, was sie sang, man sah sie nur noch. —

Auch jener Herr, welcher bei ihrem ersten Erscheinen eine
so große Ueberraschung gezeigt, bemühte sich ihrer ansichtig
zu werden; allein nur dann und wann gelang es ihm, über
die Schulter eines ihm nahe Stehenden hinweg, flüchtig
einen Blick auf sie werfen zu können. Er war bei Austhei-
lung der Programme übergangen worden; da er fremd
war und ihm nicht vorgestellte Personen anzureden sich
scheute — so mußte er abwarten, bis ein Diener in seine
Nähe kam, und er von diesem das Versäumte nachholen
lassen konnte. „Signora Anella,“ murmelte er. Weiter lesend
haftete sein Auge auch auf dem Namen des berühmten Pia-
nisten Leopold.

Es wurden den Künstlern Erfrischungen gereicht und
diese Pause benützte Lady Ashburton sich ihnen zu nähern
und allerlei Verbindliches zu sagen. Vorzugsweise hielt sie
sich bei jenem Mädchen mit dem rothbraunen Haare auf und
was sie dieser sagte, zog sogleich die gehässigen Blicke der
Uebrigen auf sie. Obgleich an Applaus gewöhnt, können

Künstler deffen nicht überdrüffig werden. Im Gegentheile!
Bei dem öffentlichen Auftreten findet eine Nimmerfattheit
Statt, l'appétit vient en mangeant bewährt fich hier
auf jedem Schritte, die kleinen Dofen des Lobes follen
zu täglich größeren werden, es entfteht fchließlich ein Heiß-
hunger, den nichts mehr fättigen kann. Er wird zum Faffe
der Danaiden.

Die Signora Anella fchien von dem Lobe der großen
Dame weniger berührt zu werden, wie jene, die es mit ihr
hörten. Sie fah Lady Afhburton groß an. Die Protec-
tionsmiene, mit welcher diefe ihr entgegentrat, reizte fie faft
zum Lachen, das gnädige Nicken des Hauptes fchien fie
gar nicht zu verftehen, mit gleichgültig forglofer Miene ftand
fie ihr, wie die Gleiche der Gleichen gegenüber, und fagte:

„Wenn Ihnen mein Lied gefallen hat, Milady, fo
finge ich es mit Vergnügen noch einmal."

„Wenn Sie das wollen! Oder ein anderes Lied dafür!" fiel die Dame rafch ein; denn fie war von diefer
Willfährigkeit angenehm überrafcht, da fie ja nur ein Lied
bezahlt und bedungen hatte. „Nun habe ich aber noch eine
Bitte. Welche Pomade gebrauchen Sie? Ihr Haar ift fo
wunderfchön, daß ich das Mittel kennen möchte, wodurch
fie fein Wachsthum gefteigert und ihm die koftbare Farbe
gegeben haben."

„Das weiß ich wirklich nicht zu fagen," erwiederte
die Signora, ihre fchönen Zähne zeigend. „Ich habe

von Kindheit an nie auf das, was man mit mir vor-
nahm, geachtet."

Lady Ashburton glaubte, die Künstlerin wolle ihre
Toilettengeheimnisse nicht verrathen.

Das Concert nahm seinen Fortgang. „Wer ist
sie? — Woher kommt sie?" so hörte man vielfach flüstern.
Die Dame vom Hause konnte keine weitere Auskunft
ertheilen, als daß sie eine Irländerin sei. Lola Montez
hatte ja auch diese Insel ihre Heimath genannt, und
ihre absonderliche Schönheit von daher mitgebracht.
Die Herren bedauerten sie nicht in der Nähe sehen,
nicht mit ihr sprechen zu können; allein der conventio-
nelle Zwang hielt Jeden auf seinem Platze fest. So
wie der letzte Ton verklungen war, ging es an das
Abschiednehmen; denn nicht, wie in Frankreich, stiehlt
man sich in der englischen Gesellschaft leise fort, man
sagt der Wirthin ein Good bye! und harrt dann seines
Wagens.

Die Signora Anelle hatte träumerisch den Tönen
gelauscht, und scheinbar wenig von dem, was um sie
her vorging, gesehen. Schon vor dem letzten verklin-
genden Accorde war sie auf einen Wink des Tonkünstlers Leopold diesem hinausgefolgt, und als der Herr,
dessen besondere Aufmerksamkeit sie erregt, sie mit den
Augen suchte, entdeckte er sie nicht mehr. Er wandte
sich eilig hinaus und stürzte die Treppe hinunter; allein

auch hier war keine Spur mehr von ihr. Langsam
kehrte er nun in die Gesellschaft zurück, und wartete
mit äußerlicher Ruhe und innerer Ungeduld den Augenblick ab, wo er der Wirthin sich nahen und ihr unbemerkt zuflüstern konnte: „Bitte, nennen Sie mir
die Adresse der Signora Anella!"

Sie sah ihn verwundert an.

„You are quite struck with her?" sagte sie
halb fragend, halb verwundert.

„Ich werde Ihnen meine Gründe ein anderes Mal
sagen, aber bitte! jetzt die Adresse."

„Curzon Street, Nr. 14."

„Ich danke!" sagte er, und verschwand. Ihr schwebte
noch ein Nachruf auf der Lippe; allein ein Abschied
nehmender Gast verhinderte sie ihn laut werden zu
lassen und gleich darauf war es zu spät, den Davon-
eilenden mit ihrer Stimme zu erreichen. Dieser stürzte
die Treppe hinunter, warf sich in ein Cabriolet und
heischte dem Kutscher zu „Curzon Street!"

Es war ein anständig aussehendes Haus, diese
Nr. 14, vor dem er hielt; an der Thüre sah man die
Firma eines Arztes; die Magd, welche auf das dröhnende
Klopfen mit dem eisernen Ringe öffnete, war reinlich
gekleidet; auf die Frage nach der Signora Anelle erwiederte sie „not at home." Der Herr besann sich
einen Augenblick, als wolle das Nächste nicht über

seine Lippen, dann sagte er: „Kann ich vielleicht Herrn Leopold sprechen?"

„Wollen Sie mir Ihre Karte geben und ich will, nachsehen, ob er zu Hause ist?" Dies Nachsehen, ob er zu Hause sei, konnte auch heißen: ob er ihn sprechen wolle? „Ich möchte ihm am liebsten selbst meinen Namen nennen," sagte er überlegend. Die Dienerin maß ihn hierauf vom Scheitel bis zur Sohle. „Es thut mir leid; aber Unbekannte nimmt Herr Leopold niemals an. Es kommen zu viele Leute der Art."

Der Art. Sie hielt ihn also für einen Bettler, einen in Noth gerathenen Musiker, deren es freilich genug hier geben mochte. Als Unbekannter Vorlaß zu erhalten war also nicht möglich; es zu fordern auch nicht billig. Er zog nun eine Karte hervor, schrieb mit Bleistift sein Hotel darauf und sagte: „Mein Name wird Herrn Leopold schon unterrichten, daß mein Anliegen dringend ist," und um den Gedanken an den Bettler zu verscheuchen, drückte er ihr eine halbe Krone in die Hand. Sie erkannte daran den Gentleman, bat ihn in das Parlour zu treten und flog die Treppe hinauf. Der Fremde wanderte, bis zu ihrer Rückkehr, aufgeregt hin und her, mit jeder Minute stieg seine Farbe. Er horchte. Endlich öffnete sich die Thüre; aber nicht das Mädchen, sondern eine als Dame gekleidete kleine Frau erschien und sagte mit fremdem

Accent: „Ich bedauere sehr, daß man Sie so lange auf Antwort hat warten lassen; allein meine Dienerin konnte mich nicht gleich finden, um Auskunft zu fordern, wann Herr Leopold zu treffen sei. Es ist leider sehr unbestimmt, wann er nach Hause zurückkehrt. Es war heute Concert bei Lady Ashburton und es kann sein, daß er von dort gleich in die Italienische Oper gefahren ist. Jedenfalls werde ich ihm Ihre Karte übergeben, und wenn Sie sich vielleicht morgen wieder herbemühen wollen, Ihnen dann sagen, wann er zu sprechen ist. Sonst kann er auch schriftlich eine Stunde bestimmen, oder höflicher noch, in Ihrem Hotel nach Ihnen fragen."

„Diese Mühe verlange ich nicht," erwiederte der Herr kurz und kalt. „Die Dienerin sagte: Herr Leopold sei zu Hause und am liebsten spräche ich ihn sogleich."

„Diese Erwiederung ist beleidigend, mein Herr!" erwiederte die kleine Dame den Kopf aufwerfend.

„Nicht für Sie, Madame. Es ist ja eine übliche Weltsitte, sich verleugnen zu lassen, wenn ein Besucher uns nicht bequem kommt. Wir sind nie zu Hause, wenn Gläubiger an unsere Thüre pochen. Ich bin auch eine Art von Gläubiger des Herrn Leopold, auch ich habe wegen einer Schuld mit ihm zu rechten, kein Wunder also, wenn ich vermuthe, daß Sie ihn nur, auf Wunsch, verleugnen.

„Und wenn es so wäre, wie Sie sagen, mein
Herr; — wenn ich wirklich für meinen Miether diese
Rücksicht hätte, was gewinnen Sie dabei, mir einen
Vorwurf daraus zu machen?" fragte sie schlau.

„Nichts weiter, als daß ich, indem ich Sie zu
dem Bekenntnisse, daß Sie die Wahrheit umgehen,
zwinge, unnöthigem Zeitverluste vorbeuge."

„Und dann?"

„Nun, und dann werden Sie mich durch Ver-
sprechungen auf morgen nicht hinhalten können. Glaubte
ich Ihnen, so würden Sie dies Spiel von Tag zu Tag mit
mir fortsetzen; ich käme morgen hierher zurück, und übermorgen hierher zurück und immer fände ich Herr Leopold ausgegangen. Besser also wir verständigen uns
sogleich: er läßt sich verleugnen und damit gut."

„Ich will Ihnen sein Zimmer zeigen, Sie werden
die Thüre verschlossen finden."

„Von inwendig ohne Zweifel."

Sie zuckte, mit einer Miene, die ausdrücken sollte,
sie könne ihm, wenn er ihr nicht glauben wolle, weiter
nicht helfen, mit den Achseln und schien sein Fortgehen
zu erwarten.

Die Ader auf seiner Stirne schwoll, Zorn stand
in seinen Mienen geschrieben; er schritt der Thüre zu,
dort wandte er sich noch einmal wieder zurück, und
sagte:

Ich kenne die englischen Hausgesetze, Madame; es ist mir bekannt daß ich durch Gewalt hier nichts erreiche; allein zur...."

„Ich weiß nicht, was Sie wollen, mein Herr!" fiel sie ihm lebhaft in die Rede. „Sie gerathen in Zorn, weil Herr Leopold Ihren Besuch nicht annehmen kann; doch ereignet sich ein solcher Fall täglich, stündlich, ohne daß irgend Jemand sich dadurch verletzt fühlt. Hat Ihre Angelegenheit so große Eile, daß Sie den morgenden Tag nicht abwarten kann, so schreiben Sie ihm; er wird Ihren Brief durch die Stadtpost noch diesen Abend, spätestens aber morgen früh um 8 Uhr erhalten. Senden Sie ihn durch einen Boten, so stehe ich Ihnen für seine Beförderung, sobald Herr Leopold das Haus betritt."

„Würden Sie in gleicher Weise ehrlich verfahren, wenn ich Ihnen ein Billet an Signora Ellena anvertraute?" fragte er sie fixirend.

„Nein, mein Herr!" erwiederte sie ohne Bedenken. „Wer an diese ein Anliegen hat, muß sich an Herrn Leopold wenden und mit Recht!"

„Mit Recht?" fragte er zurück.

„Ja, mit Recht, wenn Sie überlegen, welche Anträge man einer jungen Künstlerin macht."

„Wenn ich aber ein Verwandter wäre?"

„Ein schönes Mädchen würde bald gar viele Vettern haben, wenn das eine Ausnahme machte."

Er hielt die Thüre schon seit mehreren Minuten in der Hand; da, als er sie jetzt völlig öffnete und hinaustrat, sah er die Dienerin auf der Küchentreppe stehen, als ob sie nach ihm aussähe; allein als sie ihre ihm nachfolgende Herrin gewahrte, welche die Haus-thüre zu öffnen ihm voraneilte, zog sie eilig den Kopf zurück. Sie hatte sicherlich aus Dankgefühl für die halbe Krone ihm eine Mittheilung machen wollen.

Er lohnte den Kutscher ab und wanderte die Straße hinauf. Als er bis an Regent Street gekommen war, kehrte er wieder zurück, und musterte die Zettel an den Häusern in der Nachbarschaft von Nr. 14, welche das Anerbieten von möblirten Wohnungen enthielten. Sein Auge richtete sich vorzugsweise auf das vis-à-vis von Nr. 14; allein er mußte jene Seite des Trottoirs, aus Furcht von der Wirthin beobachtet zu werden, ver-meiden und wählte darum schließlich Nr. 16, wo er gleich am nächsten Morgen einziehen konnte.

Als dies Geschäft geordnet war, sah er sich nach dem nächst gelegenen Bäcker- und Gemüseladen um, trat dann überlegend in eine Papierhandlung, welche auch einen Briefkasten führte und Marken verkaufte.

Hier erstand er Einiges und fragte dabei, ob man ihm vielleicht die Adresse des Künstlers Leopold, der

15*

mit einer sehr schönen Dame in dieser Straße wohnen solle, nennen könne? — Allein weder der Mann noch die Frau wußten ihm diese Auskunft zu ertheilen, selbst als er das reiche rothblonde Haar beschrieb, konnten sie sich nicht entsinnen dergleichen gesehen zu haben. Dies war ihm ein Beweis, daß sie nie allein ausging, noch Briefe auf die Post beförderte, denn zu auffallend war ihre Erscheinung, als daß sie, wo sie sich zeigte, unbemerkt bleiben konnte.

Bei dem Gewürzhändler fragte er nur nach der Köchin in Nr. 14. Der Ladenjunge behauptete sie zu kennen, wußte aber nicht, wann sie etwas zu holen kommen würde. Er fragte nach dem Laufburschen. Dieser trug Packete fort; in einer Stunde würde er zurück sein. Er kaufte Kaffee und Zucker, und bestellte, daß es an die Köchin Nr. 14 abgeliefert werde mit einem Briefe, den er sofort bringen würde. Er ging nun in das nächste Kaffeehaus, schrieb wenige Zeilen, versiegelte sie; eine Adresse war nicht hinzuzufügen; dies Geschäft abgethan, suchte er den Polizeidiener, welcher in dieser Straße die Aufsicht hatte, und befragte ihn nach den Bewohnern von Nr. 14. Der Mann konnte keine Auskunft geben, versprach aber, von morgen früh an ein wachsames Auge auf das Haus zu richten, und die ihm angedeuteten Personen im Auge zu haben. Für jetzt war die Stunde seiner Ablösung gekommen; die Nacht gehörte einem Anderen.

Ermüdet sprang der Herr in eine Droschke und fuhr in sein Hotel. Der Abend war lange hereingebrochen; die Lampen brannten, die Wagen rollten, und die große Stadt mit ihrem wie ferner Donner herübertönenden Geräusche belästigte sein Ohr. Gewitterschwüle herrschte draußen; durch die hinaufgeschobenen Fenster drang kein kühler Luftzug ein. Die Atmosphäre ruhte, wie eine unbewegliche Masse, über der endlosen Stadt, man muß solche Sommernächte dort erlebt haben, um zu verstehen, wie sie auf die Gemüthsstimmung wirken.

Der Herr leerte eine halbe Flasche Champagner in Eis gesetzt, aß ein Beefsteak und etwas Stilton-Käse; dann sah er nach der Uhr, richtete prüfend sein Auge auf das Wetter, nahm seinen Regenschirm, zog gelbe Glacéhandschuhe an, bestellte auf der Treppe dem ihm begegnenden Kellner, daß er morgen um sieben Uhr geweckt zu werden wünsche, und seine Rechnung mit seinem Frühstücke um halb acht bereit sein müsse, weil er abreise; dann verließ er das Haus. Unschlüssig blickte er rechts und links, als ob er über den zu nehmenden Weg ungewiß sei; schließlich zog es ihn wieder nach Curzon Street. — Zu dieser Stunde konnte er unbemerkt auf dem Trottoir gegenüber Nr. 14 auf- und abgehen und das Haus zum Gegenstande seiner Beobachtung machen. — Der Hitze wegen hatte man die Läden nur theilweise geschlossen, im ersten Stocke

war Licht, ebenso im zweiten und auch im dritten. Wer
aber sagte ihm, welches dieser Gemächer der Pianist Leopold bewohnte und welches die Signora Anella? — So
viele Zimmer nach der Straße hinaus lagen, eben so viele
gingen in den Hof, nur daß die letzteren ein Fach Fenster
weniger trugen und in gleichem Maße geringere Miethe
zahlten. Leopold war aber mit Geld versehen und durfte
sich an den Preis nicht stoßen.

Eine lange Zeit wanderte er auf und ab, zehn hatte
es geschlagen, jetzt schlug es eilf, und noch wurde es in
keinem Zimmer dunkel. Der peinlichen Fragen, welche
keine Beantwortung fanden, überdrüssig, voll Seufzer, voll
Ungeduld, voll Verzweiflung, wandte er dem Hause den
Rücken und bog in Piccadilly ein, Bath House, das er vor
wenigen Stunden verlassen, suchte er auf. „Milady zu
Hause?" fragte er den auf der Flur gähnenden Diener.
„Ihre Ladyschaft sind noch in der Oper." — „In der
Oper," murmelte er dem Diener nach. In der Oper war
sie, nachdem sie sich im eigenen Hause mit Musik gesättigt.
„Es kann nicht sein," sagte er darauf laut, und François,
der Kammerdiener, welcher eben die Treppe herab kam,
vernahm sein „es kann nicht sein." „Welche Auskunft haben
Sie gegeben?" fragte dieser und berichtigte, daß Lady
Ashburton nach Fulham gefahren sei, um in der Anstalt
des Doctor Wilson eine kranke Dame zu besuchen. — Der

Fremde stutzte. Nach augenblicklicher Ueberlegung ließ er
sich Papier und Feder geben, und schrieb ein Billet, das
er für Lady Ashburton zurückließ.

Mitternacht war vorüber, als er sein Hotel wieder er-
reichte, wo ihn trotz der Ermüdung kein Schlaf finden
wollte. Es quälte ihn, daß er nicht energischer gehandelt, daß
er auf den nächsten Tag verschoben habe, was heute sich
hätte thun lassen, daß er einer geselligen Rücksicht, der
Meinung der Welt, einem kurzen Ach! des Erstaunens in
einer wohlgekleideten Gesellschaft das theuerste Interesse
seines Herzens geopfert. Derselbe Augenblick kehrt nie wieder. Wäre er jetzt für ihn dagewesen, so würde er sich durch
die Reihen der geputzten Damen gedrängt, und auf seinen
Armen die schöne Künstlerin vor ihrer Aller Augen davon-
getragen haben! — Er bereuete seine weise Vorsicht, seine
Ueberlegung, seine Mäßigung; er wünschte dem Drange
des Gefühles gehorcht zu haben, er machte sich tausend Vorwürfe und in peinlicher Selbstqual sah er den Morgen
hereinbrechen.

Schon vor dem Schlage acht saß er im Wagen und
fuhr seiner neuen Wohnung zu. Der Salon im ersten
Stocke war ihm vermiethet; hier setzte er sich an das Fenster und blickte bald auf die Straße, bald auf die Uhr.
Der Secundenzeiger eilte; aber die Minuten rückten langsam vor. Endlich schlug es halb; zugleich pochte ein leiser

Finger an die Thüre. „Come in!" rief er aufspringend, und vor ihm stand die Köchin aus Nr. 14 und sagte:

„Herr Leopold und Signora Ellena sind vor einer Stunde abgereist."